Google Colaboratoryで学ぶ

高校情報Ⅰ・大学入試対策

のための

中高生からの
Python
プログラミング

聖光学院中学校高等学校数学科・情報科教諭 **名塩隆史**◉著

はじめに

　本書は，著者の勤務する高校での「情報Ⅰ」のプログラミング授業のために作成した教材冊子に，演習問題およびそのヒント，レポート課題や定期試験問題などを追加して，まとめたものです。

　2020年のコロナ感染拡大にともなう休校期間の数か月前から，著者は新指導要領下での「情報Ⅰ」の授業準備をはじめ，探究の授業や中学生の希望者への「Python入門」講座の開講を通じて，幾度となく授業冊子の改訂を重ねてきました。著者自身もプログラミングは大学初年次に学びはじめ，本書レベルの項目についてはさほど難なく理解してもらえると想定していましたが，以下のような実情が明らかになりました。

- キーボードに触れる経験が少なく，特に演算記号の場所を探すのに苦労する。
- 大多数がif文まではわかるが，for文でつまずく。
- そもそもコードの写経ができない（かっこやコロンやインデントの入力ミスが続出）。

　特にfor文でのつまずきは想定外でしたが，理由は数学のΣ記号でつまずく生徒が多いことと合致していて，コードを記述する上で，「iなどの変数の設定の理解（つまり具体と抽象の行き来）が困難である」に要因があることが，幸いにも新指導要領対象学年の授業前に判明しました。これまで出版されている書籍の多くは，関数の定義からが本番という形で書かれていましたが，本書の元になった授業冊子では，if文，for文，while文および配列の理解に重きを置き，そのための例題および演習問題を多く用意することにしました。これらの問題は，算数・中学数学に由来するもので，かつ有名なアルゴリズムの理解につながるものを選んでいます。

　また，大学入学共通テストに「情報Ⅰ」が出題科目として設定されることもあり，勤務校でも2022年度より高校1・2年生対象に本格的に定期試験を導入し，入試で予想される水準に引き上げるべく，問題をすべて自作して実施しています。そもそも「情報Ⅰ」の指導内容には，「データを活用した問題解決」や「モデルとシミュレーション」「ネットワークとセキュリティ」「論理回路」「デジタル表現」「知的財産権」などプログラミング以外にも学ぶことが多く，必要に応じてこれらの内容と関連するPythonコードを用意し，授業内の演習で取り上げています。

　これらの授業準備過程で用意した問題を書籍としてまとめることにしました。一部を除いて中学1年からでも学ぶことができます。勤務校では幸い，卒業生をTAとして採用し，毎時間コードのエラーの原因究明や補足説明，レポートの添削業務などを行ってもらっていますが，演習時間が確保できないこともあり，生徒の理解は追いついているとは言えない状況にあります。説明はあえて最小限にとどめているため，本書の独学は困難な点も多々あるかと思いますが，試験の過去問や問題集が少ない現状において，少しでもお役に立てることを期待しています。

　本書の元となった授業冊子の作成および授業の運営については，同僚である山口ゆり先生，太田俊平先生，北村俊樹先生，ほか TA 諸氏から誤植や内容に関する意見を多数頂きました。情報科の授業を運営する機会を提供してくださいました工藤誠一校長先生はじめ，上記の先生方にはこの場を借りて御礼申し上げます。

令和 5 年 8 月吉日

名塩　隆史

■ 本書の使い方

　本書では Google Colaboratory 環境を使用しますので，事前に Google アカウントを取得しておいてください。それさえしておけばすぐにプログラミングの学習が開始できます。

　まずは第 2 章の 11.while 文まで可能な限り進め，少し間をあけて第 1 章からもう一度再読し，第 2 章に再挑戦してみてください。第 2 章の for 文が最初の関門ですが，意欲さえあれば中学生でも十分理解できると思います。

　例題や演習問題の中には、穴埋め式ヒントを用意しているものもありますのでぜひ利用してください。わからなかった問題は解答を読んで理解を試みて，もう一度何も見ないでできるかコードを書くようにしましょう。重要と書かれた例題・問題を中心に，コードの書き方に慣れることがすべてです。英語と同様，コードの多読が理解を促進します。もちろんすべての問題を解く必要はありませんが，分量としては多すぎないように配慮しています。

■ 情報 I の授業でご利用いただく高校の先生方へ

　各章のはじめに想定所要時間数を記していますので，参考にしてください。通常のプログラミングの入門書と大きく異なる点は，第 1 章の文法事項を必要最小限にし，第 2 章では早々に配列を登場させることで，for 文等を利用する目的を明確にしていることにあります。for 文の変数の利用場面で多くの生徒がつまずきますが，第 1 章〜第 2 章を 2 周する（高 2 の補習等で 2 周目を実施）とわかるようになり，第 3 章以降もスムーズに進むことが可能になります。大学入学共通テストのサンプル問題を見る限り，関数は定義をするよりも利用することを目的とする出題に留まるものと思われますので，第 3 章はざっと触れるだけでも十分かと思います。本書 12，14 にあげる基本の確認問題は，大学入試を意識した勤務校での定期試験問題となっていますので，こちらも参考になるかと思います。

■ サポートページについて

　本書で用いたコードおよび問題の解答のコードは，以下のページに用意していますので，適宜ご利用ください。

```
https://cutt.jp/books/978-4-87783-539-2
```

目 次

第1章

基本の文法

想定授業時数：2 時間〜3 時間

最初に，最低限知っておくべき文法事項についてまとめておきます。

まずは，具体例を実際に実行しながらひと通り内容を把握しましょう。この段階ですべての記述法を覚えようとはせず，できるかぎり短い時間で全体に触れるようにしてください。第 2 章以降で必要になったときに本章を見直してもらえれば十分です。特に「初学の際は飛ばす」のところは，あとの章でも極力使わないようにしていますが，演習問題を解く際に知っていると便利なものが多くあるので，慣れてきた段階で見直すようにしましょう。

Google Colaboratory の
環境とコードのコピー

Google Colaboratory（無料で使える学習用環境）を用いて Python によるプログラミングの初歩について学んでいきます。

まず，Google 検索で「Google Colaboratory」（「Colab」で可）を検索し，ウェブサイトに入ってください。

「Colab」で検索

「Google Colaboratory」のウェブサイトに入る

Google アカウントでログインするだけで，次の画面が表示できます。

「Colaboratory へようこそ」画面

［ファイル］タブ→［ノートブックを新規作成］を選ぶと，コードの入力と実行ができるノートブック（Jupyter Notebookといわれるものとほぼ同じ）が開きます。

新規作成されたノートブックの例

ファイル名は最初「Untitled ○○ .ipynb」になっているので，Untitledの部分を適当に変えてください。ここでは「テスト1」にします。このファイルは「マイドライブ」のフォルダ（自動で作成されます）に保存されます。

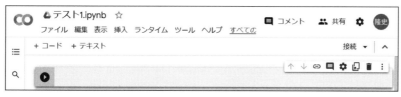

ノートブックの名前を変更

保存先のフォルダ

表示された枠を「コードセル」といい，ここに命令文（コード）を打ち込んでいきます。
試しに，次のように**半角で**「3+5」と入力し，すぐ左側の「再生ボタン」（プログラムの実行）を押してみてください（または，Shiftキーを押しながらEnterキーを押してください）。

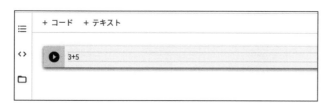

コードセルに命令文を打ち込む

すると，新しい行が現れ，計算した数値が出力されます。

計算結果の表示

　出力結果欄の下枠線にマウスポインタを合わせると，「＋コード」が表示され，それをクリックすると，新たなコードセルが表示されます（画面左上の「＋コード」でも構いません）。

「＋コード」をクリックすると新たなコードセルが表示される

　新しいコードセルを出して次のように入力し，実行してみてください（「8」が表示されます）。

```
a=3
b=5
a+b
```

　次ページから，順にコードの作成法について述べていきます。

ファイルの保存と読み込みについて

　ファイルは Google ドキュメントと同じように，自動保存されます。一度閉じて，再度 Google Colaboratory のトップ画面の「ファイル」タブ→「ノートブックを開く」を押すと，ノートブックを選択するウインドウが開くので，使用するファイルを選択します。

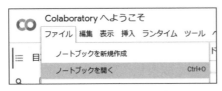

「ファイル」タブ→「ノートブックを開く」

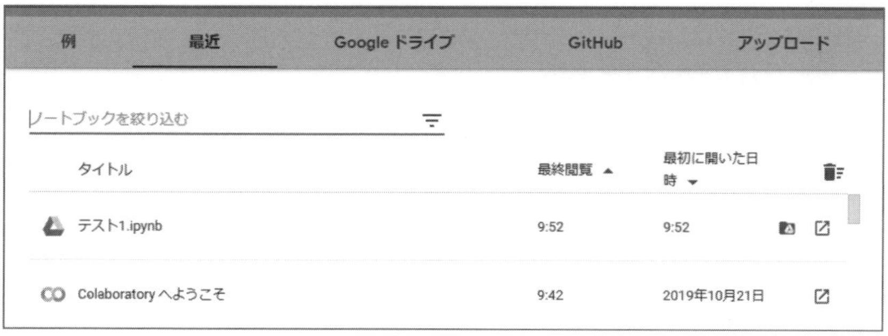

例	最近	Google ドライブ	GitHub	アップロード

ノートブックを絞り込む

タイトル	最終閲覧 ▲	最初に開いた日時 ▼	
テスト1.ipynb	9:52	9:52	
Colaboratory へようこそ	9:42	2019年10月21日	

開くノートブックを選択する

とにかく，まずはコードを打ち込んで，実行することが理解のカギです！

コードのコピーについて

コードセル内のコードの一部をコピーしたいときは，範囲を選択（マウスを左クリックしたまま範囲を動かし網掛けにする）し，Ctrl キーを押しながら C キーを押すとコピーできます（Ctrl + C）。貼り付けは，Ctrl キーを押しながら V キーを押すとできます（Ctrl + V）。

四則演算

基本的な計算の入力

- かけ算は「*」（Shift キーを押しながら「:」キーを押す）
- わり算は次の 2 種類。
  - 「//」　整数の商を返す（余りのある除算）（「?」と同じキー）
  - 「/」　　小数の商を返す（割り切れるまで行う除算）
- わり算のあまりは「%」（Shift キーを押しながら「5」キーを押す）
- 累乗は「**」
- かっこは「小かっこ」のみ使用。中かっこに相当するものも小かっこで表します。

```
((2+3)*3)*2  # {(2+3)×3}×2 と同じ

30
```

注意　「3*5」を「3 * 5」のように，数値と演算記号の間に半角スペースを入れても同じ結果になります。こちらのほうが見やすいです。

注意　図のコードの「#」以降はコメントを表し，コードの実行の際には無視されます。あとから見返したときに，コードの意味がすぐ分かるようにするために用います。

練習

実際にいくつか入力して，実行しなさい（# 以降の記述は不要）。

5-2	3 * 5　　# 前述の注意に記した通り，半角スペースをいれてもよい
3	15

`13 // 3`	`13 / 3`	`13 % 3`	`3 ** 4`
4	4.333333333333333	1	81

重要な注意（小数を含む計算について）

小数のかけ算を行うと，次に示すように循環小数のような値になってしまうことがありますが，これは計算を 2 進数に直して行っていることに起因します。

`2.5 * 1.2`	`1.3 * 1.4`
3.0	1.8199999999999998

10 進法で 0.5 は 2 進法で 0.1 と表せます。一方，10 進法で 0.1 は，2 進法で「0.0001100110011……」と循環小数となってしまいます。

$$\frac{1}{10} = \frac{0}{2} + \frac{0}{2^2} + \frac{0}{2^3} + \frac{1}{2^4} + \frac{1}{2^5} + \frac{0}{2^6} + \frac{0}{2^7} + \frac{1}{2^8} + \frac{1}{2^9} + \cdots$$

また，整数と小数の計算など異なる形式のデータについて演算を行うと，より制限の少ない形式（整数と小数だと小数）に変換されます。

`3.0 + 1.0`	`3.0 * 4`
4.0	12.0

データの型

　多くのプログラミング言語では，コード内での数値や文字列を「型」という種類で分類します。Python では以下のようなデータ型が用意されています（**まずは int, float, str だけ確認！**）。

分類	型	内容	例
数値型	int	整数	3
	float	小数	3.5
sequence 型	list	リスト	[1,2,3]
	tuple	タプル	(1,2,3)
論理型	bool	真偽	True, False
Text sequence 型	str	文字列	'abc'

　例えば，int は整数（integer），str は文字（string）に由来します。小数は，浮動小数点数表示というもの（とりあえず有効数字と同様，3.22×10^3 のように表す記法くらいの理解でよい）で表し，浮動の英単語 float に由来します。

　データ型を調べるには，type という関数（機能と思って下さい）を用います。これはカッコ内の値の型を出力します。同じ「3」であっても，数値としての「3」なのか，文字としての「3」なのかが区別されます。特に文字として認識させるときは，シングルクォート（7 のキーを Shift キーと同時押し）を用いて「'3'」と表します。

練習

次のコードを打ち込んで，確認しなさい。

```
type(3)
```
```
int
```

```
type('3')
```
```
str
```

```
type(3.0)
```
```
float
```

3 変数と代入

これ以降,「値」という言葉は,数値だけでなく文字列や数の集合など,コード内に入力できるデータすべてを表すものとします。

変数について

※プログラミングの変数は「入れ物」のイメージ!

一度使った値を一時的に保存しておく(「入れ物」のイメージ)ときに,「変数」を用います。変数に出力(計算)結果を保存しておくことで,後で必要になったときにその値を再利用できます。変数名は数学の x,y,z などのようにアルファベット単体ではなく,あとでみたときに意味が分かりやすいように,アルファベットの**文字列**にしておくことが多くあります(リンゴの値段なら「apple」などとします)。

代入について

※「=」は「等しい」という関係の意ではない!「代入すること」

変数名に続けて「=」と値を指定すると,変数に値を格納できます。変数に値を代入しておくと,あとでその変数名を指定するだけで,値を取り出すことができます。

以下,例をみて概念の理解を試みましょう。

```
x = 10
x
```

```
10
```

```
y = 2*3+4
x + y
```

```
20
```

```
x + 2*y
```

```
30
```

また，あとから違う値を代入することで，変数の中身を変えることもできます。

```
a = 10
b = 5
a + b
```

```
15
```

```
b = 10
a + b        #aは10のまま
```

```
20
```

次は，文字列からなる変数名についての実行例です。

```
apple = 100
orange = 50
apple + orange
```

```
150
```

(最重要) さらに，「a=a+1」のように，すでに存在している変数の中身に演算を施してから，同じ変数に代入することもできます。これはプログラミング特有の表記になります。

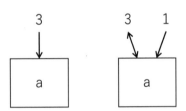

このことからも「変数」＝「入れ物」という理解が適切と考えられます。

```
a = 3
a = a + 1   # aに入っていた値に1を加えたものを入れ直す
a           # 更新された値が出力される
```

```
4
```

```
b = 1
b = a + b   # 上のセルのaの値にbの値1を加えたものをbに格納
b
```

```
5
```

変数名のルール

※初学の際は軽く流してよい

1 文字目はアルファベットまたはアンダースコア（_），2 文字目以降は加えて数字を利用することができます。ただし，あとで登場する主として命令に関する言葉である**予約語**（if, for, return, list など）というものがあり，これらを変数名とすることはできません。

参考 「演算＋代入」の略記法（初学の際は飛ばす）

四則演算に続けて「=」をつける（+= や *= など）と，次のように演算と代入を同時に行うことができます。

```
a = 3
a += 2   # a = a+2 と同じ
a
```

```
5
```

```
a -= 1    # a = a-1 と同じ
a
```

```
4
```

```
a *= 2    # a = a*2 と同じ
a
```

```
8
```

```
a //= 2  # a = a//2 と同じ
a
```

```
4
```

```
a **= 3  # a = a**3 と同じ
a
```

```
64
```

重要な注意（コード内の「スペース」について）

　既出の通り Python のコード内で，演算記号と変数の間の半角スペースの有無は基本関係ありません。したがって，読みやすくする目的で半角スペースを用いても構いません（本書では，今後半角スペースを多用します）。しかし，下図のように**コード内でうっかり「全角スペース」を入れてしまうと，エラーが起きてしまいます**ので，注意しましょう。エラーの要因が全角スペースを入れてしまったことによるものはかなり多いのですが，最近では下図のようにエラーの可能性があることを示唆する表示が出るようになっています。

　ただし，**＃以降のコメント文については，全角スペースが入っていても差し支えありません。**

配列（リストとタプル）

　複数の値（つまり値の集合）をまとめて変数とすることもできます。これを**配列**といいます。Python で用いられる配列の一つに**リスト**というものがあります。

　リストに含まれる各値を要素として扱い，先頭からの位置を指定することで，その値を取り出すことができます。リストは角括弧（Enter キーの左隣）[　] を用いて表現します。（**小かっこ ( ) はタプルといって少し異なります（後述）。**）

　例えば，「3」「2」「1」「4」「5」の 5 つの数を格納したリストの名前を ab とします。各要素は，ab[0]，ab[1]，ab[2]，ab[3]，ab[4] として記録されます（Python では**先頭の数を 0 番目とすることに注意**）。逆に最後の数は ab[-1]，その手前は ab[-2] と負の数を用いると**最後の数から何番目かを表す**ことになります。

ab = [3,2,1,4,5] ab[1]
2

ab[0]　　# 0番目が先頭
3

ab[-1]　# -1番目は最後
5

　リストの中の要素の値を代入の操作によって変えることもできます。次に示す 1 つ目の操作は，リスト ab の 1 番目の値「2」を「0」に変更したことを表しています。また，2 つ目の操作は，「リスト名 **.append**(追加する値)」により，**リストの最後に値を追加**しています。

ab[1] = 0 # 1番目を0にかえる ab
[3, 0, 1, 4, 5]

ab.append(6) # 最後に6を追加 ab
[3, 0, 1, 4, 5, 6]

さらに，要素を削除するときは，「リスト名 .remove(削除する値)」とします。

```
a = [10,20,30]
a.remove(20)
a
```

```
[10, 30]
```

例題 4.1

リスト a = [1，3，5，7，9] の前から（通常の意味での）偶数番目の値を取り出して b というリストを作り，さらに，b に値 11 を追加しなさい。

例題 4.1 の解答例

```
a = [1,3,5,7,9]
b = [a[1],a[3]]
b.append(11)
b
```

```
[3, 7, 11]
```

例題 4.2

1，2，3，4，5，6，7，8，9，10 からなるリスト a をつくり，a の後ろから 3 数の和を求めるコードを作成しなさい。

参考　一括での要素の取り出し（初学の際に飛ばす）- -

リストの要素の取り出しは，まとめて行うことも可能です。そのとき「:」で区切って位置を指定することになります。（ここでも**リストが 0 番目からはじまる**ことに注意，また下記で「**:**」**の直後に指定した位置（番目）は含まない**ことに注意します。）

例えば，「1:3」は「1 番目から 2 番目」，「2:」は「2 番目から最後まで」，「:4」は「3 番目まで」，「:-2」は「後ろから 3 番目まで (2 番目は含まない)」をそれぞれ表します（次図）。

（ややこしいですが，各自例を作って色々試してください。）

※「.append」「.remove」のように変数に続けて「. 〜」で記述される操作を**メソッド**といいます。

ab　　#先ほどの配列abを使います。

```
[3, 2, 1, 4, 5]
```

ab[1:3]	ab[2:]	ab[:-2]
[2, 1]	[1, 4, 5]	[3, 2, 1]

注意　リストと似たものに**タプル**があります。タプルは小かっこ「(」「)」で表します。リストとの違いは，要素の書き換えができないことにあります。書き換えようとするとエラーが生じます（次図）。タプルは初級レベルでは使うことはありません。

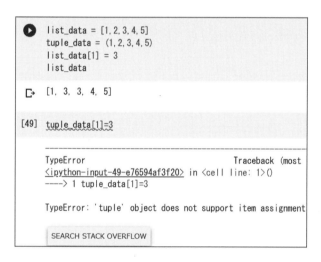

例題 4.2 の解答例

a = [1,2,3,4,5,6,7,8,9,10] a[9] + a[8] + a[7]	b = a[-1] + a[-2] + a[-3] b
27	27

文字と文字列

Python では，「'」（シングルクォート）や「"」（ダブルクォート）で囲った部分を文字，文字列として処理されます。文字と文字列を区別する言語もありますが，Python では同じものとして扱います。

```
x = 'abcdefg'    # シングルクォートで囲むと文字列
x
```

```
'abcdefg'
```

```
x = "abcdefg"    # ダブルクォートで囲んでも同じ結果
x
```

```
'abcdefg'
```

参考　**文字列から一部を取り出す（初学の際は飛ばす）** ------------------------------

[a:b] は，配列同様先頭を 0 番目とする場合は，a 番目から b−1 番目を表します（先頭を 1 番目とするときは，a+1 番目から b 番目を表します）。

```
'abcdefg'[2:5]    # 2番目から4番目を取り出す
```

```
'cde'
```

```
'abcdefg'[-3]    # 後ろから3番目を取り出す
```

```
'e'
```

```
'abcdefg'[:4]    # 先頭(0番目)から3番目までを取り出す
```

```
'abcd'
```

（重要）文字列の連結

複数の文字列を「+」でつなげることができます。

```
'abc'+'def'
```

```
'abcdef'
```

ただし，int 型の数値を文字列として連結させるときは，「str(数値)」を用いて型を文字列に変換してからつなげる必要があります。

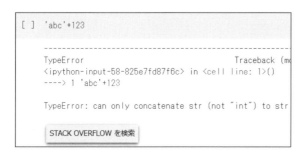

```
'abc'+'123'
```

```
'abc123'
```

```
'abc'+str(123)
```

```
'abc123'
```

また，演算して代入する手法で，次のように表示することもできます。

```
'すいか' * 3
```

```
'すいかすいかすいか'
```

```
a = 'すいか'
a = a*3
a
```

```
'すいかすいかすいか'
```

組み込み関数

　すでに type() や str() といった関数を紹介しましたが，これらは常に使える**関数**とよばれるもの（命令）です。ここでは組み込み関数と呼ばれる最初から用意されているもので頻繁に用いるものを紹介します。数学の関数と少し違う点もありますが，ここでいう関数は，**カッコ ()内に数値や文字列などのデータを入れると，特定の操作が施され，その結果を出力**するものを表します。具体例を通じて理解していきましょう。

print 関数

　プログラムを実行してその出力結果を表示するときに使います。これまでは print 文を用いずに結果の出力をしましたが，実は，これは Google Colaboratory のみにある特殊な機能であり，他の環境においては結果の出力には print 文を用いる必要があります。

```
a = 'Hello World!'
print(a)
```

```
Hello World!
```

```
a = [1,2,3,4,5]
print(a)
```

```
[1,2,3,4,5]
```

　第 2 章以降では，結果の出力は print 文で行います。

len 関数

　文字列の長さ（length）やリストの要素数を出力します。文字列内の半角スペースもカウントされていることに注意しましょう。

```
a = 'Hello World!'
len(a)
```

```
12
```

```
b = 'HelloWorld!'   # 半角スペースをとる
len(b)
```

```
11
```

```
c = [1,2,3,4,5]
len(c)
```

```
5
```

range 関数と list 関数

range(a) は「0 から a 未満の整数の範囲」を認識する関数ですが，**そのまま実行しただけではそれらの整数を表示することはせず，list() と組み合わせる必要**があります。

```
range(10)
```

```
range(0,10)
```

```
list(range(10))
```

```
[0, 1, 2, 3, 4, 5, 6, 7, 8, 9]
```

range(a,b) と指定すると，**a から (b-1) までの整数を認識**，range(a,b,c) とすると，差が c の等差数列を認識できます。

```
list(range(5,10))
```

```
[5, 6, 7, 8, 9]
```

```
list(range(5,10,2))
```

```
[5, 7, 9]
```

以下，原則として range(a,b) のみ使うことにします。それ以外は余裕が出たらにしましょう。

input 関数

※本書ではこれ以降あまり使いません

input() は実行すると「文字入力」が求められ，入力した文を変数に格納することができます。

ただし，input() とかっこ内を空欄にすると，文字入力の際に何のメッセージも表示されないので，なにをしてよいのかわからない可能性があります。

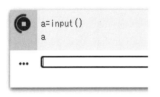

```
a = input()
a
```

```
すいか
'すいか'
```

そこで，input(" 文字を入力してください ") のようにカッコ内に文章を入力すると，それが指示内容として入力の際に表示されるようになります。

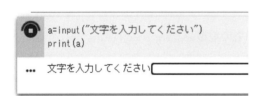

```
a = input("文字を入力してください")
print(a)
```

```
文字を入力してくださいすいか
すいか
```

input 関数で入力したものは，下のように **str 型（文字）として認識**されます。

```
b = input("数字を入力してください")
b
```

```
数字を入力してください4
'4'
```

これを数値として認識したい場合は，**int() または float() で型の変換**を行う必要があります。

```
c = int(input("数字を入力してください"))
c
```

```
数字を入力してください4
4
```

```
d = float(input("数字を入力してください"))
d
```

```
数字を入力してください4
4.0
```

　ある文字列を input 関数で入力できるようにし，その値を変数 a に格納し，さらに a の値を print 関数で，「a に○○が入力されました」（○○は入力した文字列）と表示できるようにしなさい。

例題 6.1 の解答例

　文字列の連結（§5 参照）を利用します。

　『a に「』で一度切って，入力した文字列 a をつなげ，最後に『」が入力されました』をつなげます。

```
a = input()
print('aに「' + a + '」が入力されました')
```

```
りんご
aに「りんご」が入力されました
```

参考　ロールプレイング画面の戦闘シーンのコマンド表示例 ---------------------------

```
print('スライムが現れた！')
print('コマンドを選んでください')
a = int(input('1.戦う 2.逃げる 3.呪文 4.防御'))
a
```

```
スライムが現れた！
コマンドを選んでください
1.戦う 2.逃げる 3.呪文 4.防御1
1
```

比較演算子と論理演算子

　a = 3 は「a に 3 を代入する」ことを表しましたが，a == 3（= を 2 つつなげる）は「a と 3 が等しい」ことを表します。また，a <=3 は「a が 3 以下」であることを表します。このように，2 つの値の関係性を表した記号を**比較演算子**といい，実行すると真偽（True または False）を出力します。

```
a = 3    # aに3を代入
a == 3   # aは3と等しい？
```

```
True
```

```
a > 5
```

```
False
```

```
a <= 3    # aは3以下？
```

```
True
```

　主な**比較演算子**は次表のとおりです（**特に「a != b」（異なる）はよく使います**）。

比較演算子	内容
a == b	a と b が等しい
a != b	a と b が異なる
a < b	a は b より小さい
a > b	a は b より大きい
a <= b	a は b 以下である
a >= b	a は b 以上である
a in b	a はリスト b に含まれる
a not in b	a はリスト b に含まれない

複数の条件を指定するときは**論理演算子**を用います。以下では，「3 の倍数」「5 の倍数」であるかについての真偽を判断しています。

論理演算子	内容
A and B	A と B がともに正しいときのみ True
A or B	A と B の少なくとも一方が正しいとき True
not A	A が誤りのとき，True を返す。

```
a = 30
(a % 3 == 0)and(a % 5 == 0) # aは「3の倍数」かつ「5の倍数」であるか？
```

```
True
```

```
b = 25
(b % 3 == 0)or(b % 5 == 0) #「3の倍数」と「5の倍数」のいずれかは正しい？
```

```
True
```

```
c = 25
(c % 3 != 0)and(c % 5 == 0) #「3の倍数でない」かつ「5の倍数」か？
```

```
True
```

```
d = 12
not((d % 3 == 0)or (d % 2 == 0)) #「3の倍数」または「2の倍数」は正しくない？
```

```
False
```

■ **演習問題 7.1** ■

(x > 3) or (x < 7) と (x > 3) and (x < 7) について，x にいくつか整数値を代入することで真偽を確認し，違いを説明しなさい。

第2章

制御構文
（if 文, for 文, while 文）

想定授業時数：4 〜 6 時間 + 課題

　本書のメイン部分であり，中高生の多くが for 文でつまずきます。そこで，例題および演習問題をやや多めに用意し，さらに定期試験問題で実際に出題したもので理解度を確認できるようにしました。特に例題は何も見ないでもスラスラ書けるくらいになって欲しいです。慣れることが肝心です。あきらめずに取り組みましょう。一度わからなくても時間が経つと分かることもよくあります。

8 条件分岐（if 文）

プログラミングのコードは，上から順に処理を行う流れの中で，

● 条件に応じて行う処理を変える（if 文）
● 同じ処理を繰り返す（for 文，while 文）

の 2 つを併用していく場合がほとんどです。

条件をみたすか否かに応じて処理を分けるときに，if 文を用います。基本構造は以下の通りです（if には「もし～ならば」という意味があります）。

```
if 条件式 :                    # コロン「:」とセミコロン「;」の違いに注意
    条件を満たすときに実行したい処理   # 行頭字下げする
else :                        # elseは「それ以外」の意味なので条件式は不要
    条件を満たさない場合の処理        # 行頭字下げする
```

注意 条件式の最後には必ず「:」（コロン・「*」のキー）をつけること。条件を満たすときの処理内容は，if の位置から**半角1文字以上分**のスペースだけ**インデント（字下げ）**することで明示します（Google Colaboratory では「:」に続けて Enter キーを押すと自動的に 2 文字分字下げしてくれます）。Python では，見やすくするだけでなく処理内容を明確にする目的でも，インデントを活用するのが他言語と異なる点です（他言語では，字下げの代わりに波かっこ {} で囲って処理内容を記述します）。

［例］

```
a = 3
if a >= 3:
    print('aは3以上である。')     #本行の頭は半角2文字分空ける
else:
    print('aは3未満である。')
```

```
aは3以上である。
```

条件分岐を 3 つ以上に分けて行うときは，2 番目以降 **elif**（else if の略）を用います。

```
if 条件式:
    処理内容        # 行頭字下げする
elif 条件式:
    処理内容        # 行頭字下げする
else:
    処理内容        # 行頭字下げする
```

［例］

```
a = 21
if (a <= 20) and (a > 10):
  print('aは10より大きく20以下である。')
elif a > 20:
  print('aは20より大きい')
else:
  print('aは10以下である。')
```

```
aは20より大きい
```

■ 演習問題 **8.1**

　自然数 a を適当に決めておき，それが 3 の倍数の時は「a は 3 の倍数」と出力し，3 で割って 1 余るときは，「a は 3 で割ると 1 余る」，それ以外の時は「a は 3 で割ると 2 余る」とそれぞれ出力するプログラムを作成しなさい。《重要》

■ 演習問題 **8.2**

　A 君と B 君が正の整数を input 関数で入力し順に変数 a と b に格納します（a=int(input(' 正の整数を入力せよ ')), b=int(input(' 正の整数を入力せよ '))と書きます）。

　a が b より大きいときは「A 君の勝ち」，等しいときは「引き分け」，b の方が大きいときは「B 君の勝ち」をそれぞれ表示するプログラムを作成しなさい。

重要な注意（主なエラーの内容）

```
(01) a = 3
(02) if a > 3:
(03)    print('aは3より大きい。')
(04) elif a == 3:
(05)    print('aは3である。')
(06) else:
(07)    print('aは3未満である')
```

1. (02) 行目の「:」（コロン）が「;」（セミコロン＝下がカンマ）になっている。

2. (03) 行目の print 文が字下げされていない。（(05)，(07) も同様）

3. (03) 行目の print 文の文字列を表すシングルクォート「''」がない。

4. (03) 行目の字下げが半角スペースでなく全角スペースになっている（最近は全角スペースのエラー予想メッセージが出るようになっています）。

5. (04) 行目の elif が行頭にない（字下げされている）。（if，elif，else の先頭の位置はそろえる）

6. (04) 行目の「等しい」は「=」ではなく「==」

7. (06) 行目の else の後に不要であるはずの条件文が入っている。

演習問題8.1の穴埋め式ヒント

```
a = 7              # この値はあとで色々変更しよう
if [      ] :      # aを3で割った余りが0に等しい
   print('aは3の倍数')
elif [      ] :    # aを3で割った余りが1に等しい
   print('aは3で割ると1余る')
else:
   print('aは3で割ると2余る')
```

- 割った余りを求める演算子は何かを思い出そう。
- 「等しい」は「=」ではないことに注意
- 余裕がある人は，print 文の「a」に，実際の値（上の場合は 7）が表示されるように変更してみてください。

```
a = int(input('正の整数を入力せよ'))
b = int(input('正の整数を入力せよ'))
if ☐ :
  print('A君の勝ち')
......
```

（あとは各自考えましょう。）

繰り返し（for文）

　同じ内容の処理を，数値を変えながら行いたいとき，下のように書くのは非常に面倒です。

```
print(0)
print(1)
print(2)
print(3)
print(4)
```

```
0
1
2
3
4
```

　そこで for 文というものを用います。上の場合であれば**命令を書くのは「print(i)」と1回だけ**に代表させ，i の範囲を指定することを考えます。例えば次のように書きます。

```
for i in [0,1,2,3,4]:
    print(i)
```

```
0
1
2
3
4
```

　この場合，0，1，2，3，4を順にiに格納して，各iの値についてその下のprint文を実行することを表します。文字はi（整数 integer の頭文字の意）を使いましたが，xやaなど何でも構いません。

　通例iの値のリスト [0,1,2,3,4] を書くのは面倒なので，range関数を用いて次のように書きます。

```
for i in range(0,5):     # 0以上5未満の整数iについて
    print(i)
```

一般には，次のような構文となります。

```
for i in range(a,b):      # a以上b未満の整数iについて
  行う処理内容             # 行頭字下げする
```

さらに応用して，配列の値を順に出力するには，次のように書きます。

```
a = [3,4,5,6,7]
for i in range(0,5):
  print(a[i])             # a[0],a[1],a[2],a[3],a[4]が順に出力
```

まず最初に，i=0 のとき print(a[0]) が実行され，a[0]=3 という代入が行われて 3 が表示されます。次は，i=1 で print(a[1]) が実行され，4 が表示されます。

例題 9.1（数列の和）

　変数 souwa を用意し，初期値 0 を入れておきます。souwa = souwa + 1，souwa = souwa + 2，……のように代入を繰り返すことで 1 + 2 + … + 10 の値を求めるコードを，for 文を用いて作成しなさい。

```
souwa = 0
souwa = souwa + 1
souwa = souwa + 2
print(souwa)
```

```
3
```

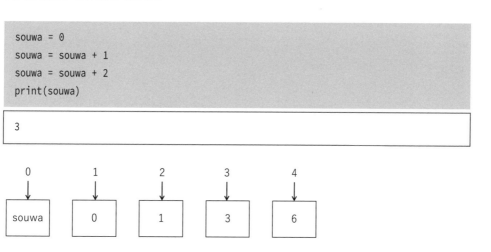

注意　変数名は souwa でなく sum を用いることが通例となっていますが，Excel などの表計算に慣れていると sum を関数と誤解する生徒が多くいることが判明したため，souwa を用いています。

souwa = souwa + i で代表させて，for 文で i の範囲を規定します。

最後の print(souwa) は，最終的な souwa の値を出力する内容で，字下げしないことで for 文の外に出ていることを表します。

```
souwa = 0
for i in range(1,11):    #1以上11未満→10以下
  souwa = souwa + i
print(souwa)             #print文は行頭に
```

```
55
```

最終結果が表示されるだけでは計算が正しいか不安な場合は，print(souwa) を for 文の繰り返しの実行内容に入れて途中経過を確認できるようにしましょう。次のように print(souwa) の行頭を souwa=souwa+i の行頭にあわせて字下げすると，souwa の値が更新されるたびに print 文も実行されます。

```
souwa = 0
for i in range(1,11):    #1以上11未満→10以下
  souwa = souwa + i
  print(souwa)           #print文の頭をsouwaにあわせる
```

```
1
3
(中略)
45
55
```

参考 **結果を横に並べて表示する方法** --------------------------------

出力結果を縦ではなく**横方向に表示する**ときは，

```
print((出力内容),end=',')
```

とします（シングルクォートの間に半角でカンマ）。これにより，改行することなく，終わりに「,」をつけながら次の値を出力するようになります。

```
souwa = 0
for i in range(1,11):    #1以上11未満→10以下
  souwa = souwa + i
  print(souwa, end=',')
```

```
1,3,6,10,15,21,28,36,45,55
```

カンマ（,）の代わりに「半角スペース」にすると，半角の空白をつけながら出力されます。

```
1 3 6 10 15 21 28 36 45 55
```

例題 **9.2**（「i が出てこない」処理内容）

次のように，「*」を一つずつ増やしながら print 文で出力できるようなコードを for
文を用いて作成しなさい（「*」は文字列扱いなので「'*'」と入力）。

```
*
**
***
****
*****
******
```

例題 9.2 の穴埋め式ヒント

```
star = ''
for i in range(0, [    ]):
  star = [    ]
  print(star)
```

最初，* を格納する変数として star を用意します。最初は何も入っていない状態ですが，
str 型（文字列）なので「''」とシングルクォートで囲っておきます。

あとは「*」を 1 つずつ加えていく文を書くだけです。文字列の連結も「+」で表現できたこ
とを思い出しましょう。

最後に，range は実行する回数が代入される i の個数に一致するように指定します。0 以上
[   ] 未満の整数範囲であることに注意しましょう。

演習問題も少しずつ難しくなっているので，ヒントや解答をチラ見しながらやって構いません。

■ 演習問題 **9.1**

6!（6の階乗＝1×2×…×6）を，for 文を用いて計算せよ。《重要》

■ 演習問題 **9.2**

奇数 1，3，5，…，19 の和と平方数 1，4，9，…，100 の和を求めるコードを作成せよ。

■ 演習問題 **9.3**

5 人のテストの点数（a = [10,20,30,40,50]）の和 souwa を for 文で求め，さらに平均点 heikin を求めよ（変数名は変えてもよい）。《重要》

■ 演習問題 **9.4**

配列 a = [0,0,0,0,0] を [1,2,3,4,5] に書き換えよ。

■ 演習問題 **9.5**

次の 2 つのコードの違いに注意して，実行結果を予想しなさい。予想したら，実際に実行してみて確認せよ。《重要》

```
a = 0
for i in range(0,5):
    a = a + 2*i +1
print(a)
```

```
a = 0
for i in range(0,5):
    a = 2*a +1
print(a)
```

■ 演習問題 **9.6**

次のように数字の列が出力されるコードをそれぞれ作成せよ（右側はやや難）。

```
1
11
111
1111
11111
```

```
1
12
123
1234
12345
```

```
kaijyo = □
for i in range(1, □ ):
  kaijyo = □
print(kaijyo)
```

　print 文の位置に注意しましょう。for 文内の「kaijyo =」の頭と print 文の頭をそろえるとどうなるか，その違いにも注目しましょう。

```
kisuunowa = □
for i in range( □ , □ ):
  kisuunowa = □
  print(kisuunowa,end=',')
```

　最初から i 番目の奇数はどのように表されるかに注意しましょう。その表し方によって，range で指定する範囲が変わってきます。
　数学の奇数の表記と，ここで用いる表記は微妙に異なることにも注意しましょう。

```
a = [10,20,30,40,50]
souwa = □
for i in range( □ , □ ):
  souwa = □
print(souwa)
heikin = □
print(heikin)
```

　配列の値は順 a[0]，a[1]，a[2]，a[3]，a[4] で取り出します。souwa = souwa +a[0], souwa = souwa + a[1], ……と順に足し算します。したがって，a[0]，a[1]，……の中身の数だけが変わっていくことに注目することで解決できます。
　平均値は souwa を 5 で割れば求まります。割り算の表し方が 2 つあったことを思い出しましょう。
　余裕があれば，配列の要素数が 6 や 10 などほかの値になったときにでも対応できるように，要素数を取り出す関数 len(a) を使ってみましょう。

```
a = [0,0,0,0,0]
for i in range( [    ], [    ] ):
    [    ]
print(a)
```

　配列 a の要素を順に a[0]，a[1]，……と取り出しては，値を代入して更新するコードをつくります。最初の配列の値をすべて 0 にしておいて，あとから置き換えていく操作は，非常によく使います。

　「鉛筆を持って，丁寧に a の値の変化の様子を書き出す」という当たり前のことができるかどうかです。

　左側のコードは処理内容に i が入っていますが，右側にはなく，単純に range で指定した範囲にある i の回数だけ a の値を更新することを表します。

　例えば左側のコードの最初は，初期値の a = 0 に「i=0 のときの値 2*i+1=1」が足されて，a=1 に更新されます。

　右側のコードの最初は，初期値 a=0 に「a=0 のときの値 2*a+1=1」が足されて，a=1 に更新されます。

　文字列としての出力と考えると，左側のコードは例題 9.2 を真似すればできます。

　数値としての出力の場合は工夫が必要です。演習問題 9.5 の右側のコードのように，「前の値に何かをかけて何かを足す」という更新をしていると解釈すればできます。

　右側は文字列の出力と考える場合も工夫が必要です。for 文の i は int 型であるので，これを str() 関数で文字列にして，連結する必要があります。

　数値としての出力の場合は，左側のコードと似たことを行えばできます。

```
star = ''
for i in range(0, 6):
    star = star + '*'
    print(star)
```

（出力は省略）

if 文と for 文の複合文

この節では，if 文と for 文を用いた代表的な応用例を紹介していきます。今後様々なプログラミングの技法を学ぶ上でも核になるような重要な活用例ばかりです。まずは例題をしっかりと理解して，演習問題もできるかぎり解くようにしましょう。

条件を満たすものを数える・最大値と最小値を求める

例題 10.1（if 文と for 文の組み合わせ）《重要》

5 人のテストの点数 a = [20, 40, 60, 80, 100] を用意し，60 点以上の人数 count を出力するプログラムを作成しなさい（解答は次ページ）。

例題 10.1 の穴埋め式ヒント

count の初期値を count = 0 と定めておきます。まず a[0] を取り出して 60 と比較し，60 以上であれば count の値を 1 増やすようにします（とりあえず a[0] のみについて調べる文を作ってみましょう）。

```
a = [20,40,60,80,100]
count = 0
if ☐☐☐:
  count = ☐☐☐
print(count)
```

同じようにして次は a[1]，a[2] と順に 60 と比較します。a[] のかっこ内の数値だけが変わっていくことに注目して，for 文に直します。

```
a = [20,40,60,80,100]
count = 0
for i in range(0, ☐☐☐ ):
  if ☐☐☐:
    count = ☐☐☐
print('60点以上の人数は'+str(count)+'人です。')
```

まず，a[0] の値のみ 60 と比較した場合のコードは以下のようになります。次は a[1]>=60，a[2]>=60，……となるので，「if a[i] >= 60 :」と一般化することができます。

```
a = [20,40,60,80,100]
count = 0
if a[0] >= 60:
  count = count + 1
print(count)
```

```
0
```

したがって，for 文を用いてまとめると以下のようになります。range は「0 以上 5 未満」であることに注意します。

```
a = [20,40,60,80,100]
count = 0
for i in range(0,5):
  if a[i] >= 60:
    count = count + 1
print('60点以上の人数は'+str(count)+'人です。')
```

```
60点以上の人数は3人です。
```

　下のように print 文の位置を if の真下の位置からはじまるようにすると，for 文の中に
print 文が入るものの，if 文の外には出てしまいます。これは if 文の実行内容である「count
の値が更新」されたか否かによらず，print 文が実行されるという結果をもたらします。

```
a = [20,40,60,80,100]
count = 0
for i in range(0,5):
  if a[i] >= 60:
    count = count + 1
  print(str(i+1)+'番目までの60点以上の人数は'+str(count)+'人です。')
```

```
1番目までの60点以上の人数は0人です。
2番目までの60点以上の人数は0人です。
3番目までの60点以上の人数は1人です。
4番目までの60点以上の人数は2人です。
5番目までの60点以上の人数は3人です。
```

　では，print 文の位置をその一行上の「count =」の開始位置にあわせるとどうなるでしょうか。
　今度は print 文が if 文の中に入るので，「count の値の更新」とともに print 文が実行され
るという内容に変わります。したがって，**count の更新が行われない場合は，print 文の実行は
されない**ことになります。

```
a = [20,40,60,80,100]
count = 0
for i in range(0,5):
  if a[i] >= 60:
    count = count + 1
    print(str(i+1)+'番目までの60点以上の人数は'+str(count)+'人です。')
```

```
3番目までの60点以上の人数は1人です。
4番目までの60点以上の人数は2人です。
5番目までの60点以上の人数は3人です。
```

　　当たり前ですが，コードは原則上の行から順に処理されます。ただし，for 文で囲まれた部分は，数値の値を変えながら，字下げされた部分だけ繰り返し処理が行われます。前ページで扱った下のコードを例にとり，確認しておきます。

```
(00) a = [20,40,60,80,100]
(01) count = 0
(02) for i in range(0,5):
(03)   if a[i] >= 60:
(04)     count = count + 1
(05)   print(str(i+1)+'番目までの60点以上の人数は'+str(count)+'人です。')
```

　　まず (00) 行目と (01) 行目はともに変数の準備と初期値の代入です。

　　次に (02) から for 文がはじまりますが，(03) 〜 (05) 行目がその繰り返しの対象となります。

　　最初 i が 0 のとき，(03) 行目の a[0] >= 60 の条件判定が行われます。しかしこの場合満たさないので (04) 行目は無視されます。(05) 行目は if 文の外に出るものの for 文の中にあるので実行されます。このとき count は 0 が入ったままなので，「1 番目の 60 点以上の人数は 0 人です。」と出力されます。

　　次に i が 1 のとき，(03) 行目の a[1] >= 60 の条件判定が行われます。しかしこの場合も満たさないので (04) 行目は無視されますが (05) 行目は実行されます。このときも count は 0 が入ったままなので，「2 番目の 60 点以上の人数は 0 人です。」と出力されます。

　　次に i が 2 のとき，(03) 行目の a[1] >= 60 の条件判定が行われます。この場合は満たされるので (04) 行目は実行され，count が 1 に更新されます。次に (05) 行目が実行されます。このとき count は 1 になったので，「3 番目の 60 点以上の人数は 1 人です。」と出力されます。

　　以下同様に i が 3 のとき，4 のときまで繰り返され，すべての処理が終了となります。

演習問題 10.1

　　6 人のテストの点数を用意し最大値 saidai と最小値 saisyo を出力するプログラムを作成しなさい。《最重要》

演習問題 10.2

(1) 1 から 100 までの自然数で，3 で割ると 1 余る数の個数を求めよ。

(2) 21 未満の自然数で 3 でも 7 でも割り切れないものを全て求めよ。《重要》

　　[Hint] 答えを配列で表現するため，空の配列 a を「a=[]」で用意。あとは 1 から 21 までの数が条件を満たすか判定し，満たせば a.append(追加したい値) で追加する。print 文で順に出力させてもよい。

1 以上 100 以下の整数で，桁の数に 3 が使われるものは何個あるか調べよ。

[Hint] 1 の位が 3 であることは，「10 で割ったときの余りが 3」と解釈できます。

演習問題10.1の穴埋め式ヒント

　最大値について，まず初期値をできるかぎり小さな値（この場合は 0）に設定しておき，配列 a から順に値を取り出したときに，「暫定の最大値 saidai より大きな値が出てきたら更新する」という処理を繰り返すことにします。

　まず a[0] のみについて考えます。「a[0] を saidai の暫定値 0 と比較して，a[0] のほうが大きければ a[0] に更新する」という内容にします。

```
a = [10,30,20,50,60,40]
saidai = 0
if      :
  saidai =      
print(saidai)
```

以下同様に，a[1]，a[2]，……と順に比較しては更新していくことを繰り返します。

```
a = [10,30,20,50,60,40]
saidai = 0
for i in range(      ,      ):
  if      :
        
print(saidai)
```

　完成したら例題 10.1 同様，print 文の位置を変えてみて，出力にどのような違いが出るか確認しましょう。

　最小値も初期値に注意する以外は同様です。

演習問題10.2の穴埋め式ヒント

（1）1 から 100 までの数を順に 3 で割って余りを調べます。「i を 3 で割った余りが 1」の表現を確認しましょう（§7）。あとは例題 10.1 と同じです。

```
count =      
for i in range(1,      ):
  if      :
    count =      
print(count)
```

（2）これも主題は「3 でも 7 でも割り切れない」の表現です。「3 で割った余りが 0 ではない」(and/or)「7 で割った余りが 0 ではない」と言い換えます。さらに、「等しくない」は「!=」または「>0」で記述します。

```
a = []
for i in range(1,     ):
  if (     )  (and/or)  (     ):
    a.append(i)
print(a)
```

値の入れ替え（swap）

　ここでは配列内の要素の入れ替え（swap）を行う手法を紹介します。小さい順（昇順）に値を並べ替えるソートのアルゴリズムの基本原理に相当する重要な考え方なので、しっかり理解しましょう。

例題 10.2 （値の入れ替え）《重要》

　配列 a = [1,2,3,4,5] の 2 番目と 4 番目（先頭が 1 番目）を入れ替えるコードを作成せよ。

誤答例　次のように書きたくなりますが、これでは 2 行目で a[1] = 4 となり、その次の 3 行目の a[1] は更新された「4」を表すので、a[1]、a[3] ともに 4 となってしまいます。

```
a = [1,2,3,4,5]
a[1] = a[3]
a[3] = a[1]
print(a)
```

```
[1, 4, 3, 4, 5]
```

考え方　本問では穴埋め式ヒントは省略します。以下の説明をもとに考えてみてください。
　カードの入れ替えを考えると分かると思いますが、数字の 4 と 2 を入れ替えるときに、4 を 2 に重ねるのではなく、一度 2 を避けておいて、そこに 4 をおき、4 があったところに避けておいた 2 を入れるようにします。
　一時的に「避ける先」を表す変数 temp（temporary）を用意し、a[1]、a[3] を循環させる形で入れ替えます。

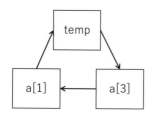

例題 10.3（隣どうしの入れ替え・補助変数 temp の活用）《重要》

[1,2,3,4] → [2,1,3,4] → [2,3,1,4] → [2,3,4,1] のように前から隣どうしの値を交換していくコードを作成しなさい。

考え方　例題10.2を参考に。まず1, 2の入れ替えを復習がてら書いてみて，それをiにかえて，for 文を挿入します（本問も穴埋め式のヒントは省略します）。

■ 演習問題 **10.4**

配列 a = [1,2,3,4,5,6,7,8,9] の 1 を避けておき，それ以外を前から順にずらしていき，最後に 1 を入れることで，[2,3,4,5,6,7,8,9,1] に変えるコードを作成せよ。

■ 演習問題 **10.5**

配列 a = [1,2,3,4,5,6,7,8,9] の奇数番目（先頭を 1 番目とみる）だけずらして，[3,2,5,4,7,6,9,8,1] と並べ替えるコードを作成せよ。
[Hint] 配列の角かっこのなかに，「2*i+3」のような数式を書くことができます。例題 10.3 のように 2 つずつ入れ替える方法と，演習問題 10.4 のように一つだけ避けておいて，残りを順に前へずらしていく方法の 2 通りが考えられます。

■ 演習問題 **10.6**

最初の 2 数が 1, 1 で，以降後ろ 2 数の和を加えて得られる数列をフィボナッチ数列といいます。この数列の最初 10 数 1, 1, 2, 3, 5, 8, 13, 21, 34, 55 を出力しなさい。《やや難》
[Hint] 例題と全く関係ないように見えますが，temp の活用例として取り上げました。

```
a = [1,2,3,4,5]
temp = a[1]          # 2を一時的に避けておく
a[1] = a[3]
a[3] = temp
print(a)
```

```
[1, 4, 3, 2, 5]
```

注意　実は，次のように一気に入れ替えることが Python では可能で，実践的にはよく使います。ただ本書では原理の理解が目的なので，上のやり方でできるようにしましょう。

```
a = [1,2,3,4,5]
a[1], a[3] = a[3], a[1]
print(a)
```

```
[1, 4, 3, 2, 5]
```

例題 10.3 の解答例

```
a = [1,2,3,4]
temp = a[0]
a[0] = a[1]
a[1] = temp
a
```

```
[2, 1, 3, 4]
```

```
a = [1,2,3,4]
temp = a[0]
a[0] = a[1]
a[1] = temp
temp = a[1]
a[1] = a[2]
a[2] = temp
a
```

```
[2, 3, 1, 4]
```

　すると，隣り合うもの同士の入れ替えを記述すればよいことに気づきます。

　次のように，入れ替えの際の一時避難用として，変数 temp（temporary）を用意して，循環させるように交換します。

```
a = [1,2,3,4]
for i in range(0,3):
    temp = a[i]
    a[i] = a[i+1]
    a[i+1] = temp
print(a)
```

```
[2, 3, 4, 1]
```

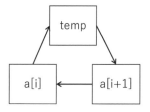

演習問題10.4の穴埋め式ヒント

　1をtempに格納し，2〜9を一つずつ前に移動させる過程でfor文を利用します。最後に1を配列に戻します。

```
a=[1,2,3,4,5,6,7,8,9]
temp = □
for i in range(0, □ ):
    □
□ = temp
print(a)
```

多重for文と個数の数え上げ

　ここではfor文を2重3重に用いる方法を紹介します。

例題 10.4（2重for文）《最重要》

　0以上の2整数 x, y で，和が10以下になる (x,y) の組の総数を求めなさい。

(x,y) ともに 0 〜 10 までしらみつぶしで代入して，条件を満たすかどうかを確認する方法で考えます。求める (x,y) の組の数を入れる変数 count を用意しておきます。

まず，x=0 のときに限定して調べます。x+y が 10 以下のとき，count を増やすとともに，その (x,y) の組も出力できるようにします（この print 文はだいぶ複雑になっていますので，無理して出力しなくても構いません）。

```
count = 0
x=0
for y in range(0,      ):
  if       :
    count =
    print('(x,y)=('+str(x)+','+str(y)+')')     # print(x,y)でも十分
print(count)
```

同様に x を 1，2，……としたときも考えるので，x についての for 文を用意して，その中に実行内容である y の for 文を挿入すればよいことがわかります。

```
count = 0
for x in range(0,      ):
  for y in range(0,      ):
    if       :
      count =
      print('(x,y)=('+str(x)+','+str(y)+')')
print(count)
```

まず x=0 のときは，次のようなコードになります。

```
count = 0
x=0
for y in range(0,11):
  if x + y <= 10:
    count = count+1
    print('(x,y)=('+str(x)+','+str(y)+')')
print(count)
```

```
(x,y)=(0,0)
(x,y)=(0,1)
(中略)
(x,y)=(0,10)
11
```

これをほかの x = 1, 2, …, 10 でも調べるため, x についても for 文を用意します。

```
count = 0
for x in range(0,11):
  for y in range(0,11):
    if x + y <= 10:
      count = count+1
      print('(x,y)=('+str(x)+','+str(y)+')')
print(count)
```

```
(x,y)=(0,0)
(x,y)=(0,1)
(中略)
(x,y)=(9,1)
(x,y)=(10,0)
66
```

　この数え方だと x, y の大小関係を定めているわけではないので, 数える量が多くなってしまっています。仮に x は y より小さいか等しいという仮定をおくのであれば, y の範囲は x 〜 10 を調べるだけで済みます。したがって, y の range は変数 x を用いることになります。

```
count = 0
for x in range(0,11):
  for y in range(x,11):
    if x + y <= 10:
      count = count+1
print(count)
```

```
36
```

次のコードで出力される値を求めなさい。

```
count = 0
for x in range(0,10):
  for y in range(x+1,10):
    count = count + 1
print(count)
```

例題 10.5 の解答例

```
count = 0
for x in range(0,10):
  for y in range(x+1,10):
    count = count + 1
    print(x,y)
print(count)
```

```
0 1
0 2
(以下略)
```

　図のように print(x,y) を追加して実行すると，(x,y) がどのように代入されていくか具体的に画面上に出力することができます。

- x=0 のとき，y の範囲は 1 〜 9 です。
- x=1 のとき，y の範囲は 2 〜 9 です。
- x=2 のとき，y の範囲は 3 〜 9 です。
  ……

　よって，この 2 重 for 文で count の更新は $9 + 8 + 7 + \cdots + 3 + 2 + 1 = 45$ 回行われる，つまり count の値は 45 であるとわかります。

■ 演習問題 **10.7**

　$3x + 7y = 100$ を満たす自然数の組 (x,y) をすべて求めよ。

[Hint] 面倒ですが，1 〜 100 の値をそれぞれ x，y に順に入れていき，しらみつぶしで調べても構いません。出力は print(x,y) で構いません。

0 以上の 3 整数 x, y, z で, 和が 10 以下になる (x, y, z) の組の総数を求めなさい。

0 < x < y < z < 10 をみたす自然数の組 (x, y, z) の個数を求めよ。《重要》

[Hint] if 文の条件式に, 0 < x < y < z < 10 と書くことができます。

点の周期的な移動と割り算の活用（重要だが初学の際は飛ばしてもよい）

最後に, 直線上の規則的な点の移動を表現するように, 配列の要素を変更していく方法について考えます。特に割り算のあまりを求める演算子「%」を活用します（高校数学で学ぶ合同式の考え方に相当します）。

ここで学ぶ考え方は後の 21 で紹介するゲームへの応用場面で特に活躍します。

例題 10.6（ループする移動）《重要》

8 個の要素からなる配列 x に 0 を格納しておきます。つまり x=[0,0,0,0,0,0,0,0] とします。

(1) 配列 x について, 後ろから順に 1, 2, 3, …, 8 を入れて, [8,7,6,5,4,3,2,1] にするコードを作成しなさい。

(2) 配列 x の 2 番目の要素 x[2] に 1 を入れ, 3 つ隣の 5 番目の要素に 2 を入れます。次の 3 つ隣は先頭に戻って 0 番目の要素に 3 を入れ, 3 つ隣の 3 番目の要素に 4 を入れ, 以下同様に 8 まで入れます。この手続きにより配列 x は,

[0,0,1,0,0,0,0,0] → [0,0,1,0,0,2,0,0]
    → [3,0,1,0,0,2,0,0] → … → [3,6,1,4,7,2,5,8]

と変化します。この手続きに関して, for 文を用いたコードを作成しなさい。

（1）x[7]=1，x[6]=2，x[5]=3，…，x[0]=8 という内容を for 文で記述します。要素の番号と代入する値の和が 8 であることから，x[8-i] = i と表せることに注目します。

```
x = [0,0,0,0,0,0,0,0]
for i in range(0,8):
    x[8-i] = i
print(x)
```

```
[8, 7, 6, 5, 4, 3, 2, 1]
```

（2）最初の 2 つは x[2]=1，x[5]=2 となりますが，次は x[8]=3 というわけにはいきません。0 に戻って x[0]=3，以降 x[3]=4，x[6]=5。次は x[9]=6 の代わりに x[1]=6 となります。以上の観察から「8 で割った余り」に注目すればよいことがわかります。本来は x[2]，x[5]，x[8]，x[11]，x[14]，…すなわち x[3*i-1] としたいところを x[2]，x[5]，x[0]，x[3]，x[6]，…に直すので，8 で割った余りを考えて，x[(3*i-1)%8] と表現します。

```
x = [0,0,0,0,0,0,0,0]
for i in range(0,8):
    x[(3*i - 1) % 8] = i
    print(x)
```

```
[0, 0, 1, 0, 0, 0, 0, 0]
[0, 0, 1, 0, 0, 2, 0, 0]
[3, 0, 1, 0, 0, 2, 0, 0]
(中略)
[3, 6, 1, 4, 7, 2, 5, 8]
```

　0 が 12 個格納されている配列 x について，まず先頭から順に 1，2 を入れ，次に一つ跳ばして 3，4 を入れ，1 つ跳ばして 5，6，同様に 7，8 を入れるコードを次のように作成しました。

　まず，数値を入れる場所を表す変数として k を用意し，0 を入れておきます。この値を入れる場所は，次が隣の位置であり，その次が 2 つ隣となることから，k のずらす数を表す配列 dk=[1,2] を用意して，交互に取り出すことで，k の値を変化させるようにします。

　空欄にあてはまる i に関する式を考え，コードを完成させなさい。

```
x = [0,0,0,0,0,0,0,0,0,0,0,0]
k = 0
dk = [1,2]
for i in range(1,9):
  x[k] = i
  k = k+dk[      ]
print(x)
```

```
[1, 2, 0, 3, 4, 0, 5, 6, 0, 7, 8, 0]
```

例題 10.7 の解答例

　順番にコードを読んでいきます。

　for 文で i=1 のとき，x[0] に 1 が代入されます。次に k の値が更新されますが，dk の要素が 1 か 2 なので，k に足される値は 1 か 2 です。x[1]=2 が行われるようにするには，dk から 1 が選ばれるようにすればよいことがわかります。

　次に i=2 のとき，x[1]=2 が行われ，次は x[3]=3 としたいので，dk の値は 2 が選ばれればよいことがわかります。

　以下同様で，i が増えるごとに dk の値が交互に選ばれるようにすればよく，つまり i=1 のときに dk[0]，i=2 のとき dk[1]，i=3 のとき dk[0] なので，空欄には

　　(i+1) % 2 または (i-1) % 2

が入ることがわかります。

■ 演習問題 10.10

2桁の整数を表示する機械があります。1の位は1秒ごとに0，1，2，3，4，5の順に6秒周期で表示し，10の位は1秒ごとに1，2，3，4，5，6，7，8の順に8秒周期で表示します。最初に10が表示されている状態から，20秒間で表示される2桁の整数を順に出力せよ（本問では配列は必要ありません）。

■ 演習問題 10.11（ループする移動）

例題 10.6 の配列 x について，今度は後ろから 3 つごとに 1，2，3，…，8 の数字を入れていくことを考えます。つまり [0,0,0,0,0,1,0,0] → [0,0,2,0,0,1,0,0] → [0,0,2,0,0,1,0,0,3] → としていくコードを作成せよ。

[Hint] 負の数の割り算のあまりについて，例えば −2 を 3 で割った余りは −2 = (−1) × 3 + 1 と考えて，商が −1，あまりは 1 と考えます。同様に −13 を 3 で割った余りは，商を −5 として余りは 2 と考えます。余りは必ず 0 以上（割る数）未満になるように，商を調整するのが原則です。

■ 演習問題 10.12（移動量を表す配列の利用）

例題 10.7 の配列 x について，今度はまず先頭に 1 を入れ，次に 2 つ跳ばして 2 を入れ，1 つ戻って 3，2 つ跳ばして 4，1 つ戻って 5，以下同様に 11 まで入れて，

x=[1,0,3,2,5,4,7,6,9,8,11,10]

に変更するコードを，例題 10.7 を真似して作成せよ。

■ 演習問題 10.13（前後を交互に移動）

0 が 8 個格納されている配列 x について，まず先頭に 1 を入れ，次に最後の要素に 2 を入れ，前に戻って x[1] に 3 を，後ろに戻って後ろから 2 番目に 4 を，以下前と後ろ交互に入れて

x=[1,3,5,7,8,6,4,2]

に変更するコードを作成せよ。

繰り返し（while 文）

for 文は繰り返しの回数や要素を決めていましたが，条件を満たすかぎり処理を続けたいときは，while 文を用います。for 文では i の値を１ずつしか増やせませんでしたが，**2 ずつ，3 ずつ，あるいは逆に減らすこともできるのが特徴です（後述しますが，実は for 文でも減らせます）。**

while には「〜している間ずっと」という意味があります。

```
while (条件式)：
    条件を満たすかぎり，繰り返し行う内容
```

例えば次のコードでは，まず変数 i を定義して 0 を入れています。そして，i が 4 以下であるかぎり，

- i の値を出力する
- i に 1 加える

の２つの操作を実行します。

```
i = 0
while i <= 4:
  print(i,end=' ')
  i = i+1
```

```
0 1 2 3 4
```

具体的に見ていくと，i=0 のときは条件を満たし，「0 を出力。i を 1 に代える。」while 文の条件文に戻って，i=1 のときも条件を満たし，「1 を出力。i を 2 に代える。」以下同様の処理が繰り返され，i=4 のとき，「4 を出力。i を 5 に代える。」が行われます。while 文の条件に戻ると，i<=4 が満たされないので，while 文の繰り返し処理から抜けて終わります。実際，次図のように最後の i の値を出力すると，5 になっていることが確認できます。

```
i = 0
while i <= 4:
  print(i,end=' ')
```

```
    i = i+1
print(' ')           #ここでは改行を表します
print(i)
```

```
0 1 2 3 4
5
```

また，print文と「iに1加える」処理を逆にすると，出力結果は少し異なります。先にi
を増やす処理を行うので，最初に出力される値は1にかわり，最後は5になります（各自，順
に処理内容をたどって確認しましょう）。

```
i = 0
while i <= 4:
  i = i + 1           #iを先に増やす
  print(i,end=' ')
```

```
1 2 3 4 5
```

さらに次のように，2ずつ増やしたり，逆に1ずつ減らしてカウントダウンを行うこともで
きます。

```
i = 0
while i <= 4:
  print(i,end=' ')
  i = i+2
```

```
0 2 4
```

```
i = 10
while i >= 0:
  print(i,end=' ')
  i = i-1
```

```
10 9 8 7 6 5 4 3 2 1 0
```

また，**最初に条件を指定せず**，かわりにTrueと記述してしばらく処理を繰り返し，**あとから
if文で条件を指定して**breakで繰り返しから抜け出すという処理も可能です。

```
while True:
  処理内容
  if 条件式:
    break
```

前ページの記法では，whileのところに具体的な条件式を書きましたが，この条件式のiに
値が代入されると，真偽の判定が行われ，TrueかFalseの真理値が返されます。ここでのTrue
はその真偽判定がなく，無条件に繰り返すことを表します。

かわりにbreakを記述することで，ループから抜け出ることができます。

```
a = 0
while True:
  print(a,end=' ')
  if a > 3:
    break
  a = a + 1
```

```
0 1 2 3 4
```

　例えば上のコードでは，はじめ変数 a が用意され 0 が入っています。0 を出力し，if 文の条件を満たさないので，break は無視され，そのあとの「a の値を 1 増やす」処理により，a は 1 に代わります。

　次に while True に戻って 1 が出力，やはり if 文を満たさず，a が 2 に代わります。

　その後，しばらく繰り返され，a が 4 になったとき，4 が出力されると，そのあとの if 文の条件が満たされて，break により while 文の繰り返し処理から抜けます（そのあとの a = a + 1 は実行されません）。

　結果，a の値は 4 であることが確認できます。

```
a = 0
while True:
  print(a,end=' ')
  if a > 3:
    break
  a = a + 1
print(' ')        # 改行を表す
print(a)          # aの値の確認
```

```
0 1 2 3 4
4
```

　逆に，ある特定の条件の時だけ処理を飛ばして最初に戻るときは，continue を使います（本書では，これ以降使いません）。

```
a = 0
while a <= 10:
  a = a + 1
  if a % 3 == 0:
    continue
  print(a, end=' ')
```

```
1 2 4 5 7 8 10 11
```

20 と 4 と 3 の最小公倍数を求めるコードを作成しなさい。

while True を使う記法と，直接 while 文の条件を指定する記法の 2 通りを試みよ。

考え方　一番大きい 20 について，4，3 で割り切れるまで 20 を加えるコードを作ります。

例題 11.2（初めて○○を超えるのは）《重要》

初期値が 1 で，次の数が前の数を 2 倍して 1 加えてできる数列で 1000 を超えるのは何番目か。

例題 11.3（ローンの返済）

50 万円の商品を年利 6% で，1 月の頭に購入し，毎月末に 1 万円ずつ返済することにする。購入の翌年から毎年年始に残金の利息が加算されるとき，購入して何か月後に返済できるか。《やや難》

考え方　例題 11.2 と同様です。残金を変数 a に，購入月からの経過月を変数 month に格納します。month が 12 の倍数のとき，残金は 1.06 倍になります。

例題 11.1 の穴埋め式ヒント

while True を用いるほうが書きやすいので，こちらから取り上げます。

20 から順に，3，4 で割り切れるかどうかを調べ，もし満たさなければ 20 を足し，満たしたら break で繰り返しから抜けるように指示します。

if 文の条件式は「a は 3 の倍数」かつ「a は 4 の倍数」が入ります。

```
a = 20
while True:
    if        :
        break
    a =        
print('最小公倍数は'+str(a))
```

次に直接 while 文の条件を指定する方法について取り上げます。

　繰り返しの処理内容は「20 を加えていく」ことであるので，これが行われるのは「（a が 3 の倍数かつ 4 の倍数）でないとき」となります。論理演算子の not を使うと容易ですが，ここでは用いず，この条件をうまく言い換えて表現するようにします。「等しくない」は「!=」，あるいは（正である）「>0」で表します。

```
a = 20
while ┌──────┐ :
       └──────┘
  a = ┌──────┐
       └──────┘
print('最小公倍数は'+str(a))
```

例題 11.2 の穴埋め式ヒント

　配列を用いず，変数 a に数列の値を順に更新していくようにし，変数 count には何番目の数かを格納していきます。結果表示も，「○番目は○○である」となるようにします。

```
a = 1
count = 1
while ┌──────┐ :
       └──────┘
  a = ┌──────┐
       └──────┘
  count = ┌──────┐
          └──────┘
  print(str(count)+'番目は'+str(a))
```

例題 11.1 の解答例 1（while True を用いる場合）

　「a が 4 の倍数」かつ「a が 3 の倍数」になったら，繰り返しから抜ける break，そうでないかぎり a に 20 を加えていきます。「a が 4 の倍数」は「a を 4 で割ると余りは 0 に等しい」と言い換えて表すことを復習します。

```
a = 20
while True:
  if (a % 4 == 0) and (a % 3 == 0):
    break
  a = a + 20
print('最小公倍数は'+str(a))
```

```
最小公倍数は60
```

a に 20 を加えるのは，「a が（4 の倍数かつ 3 の倍数）でないとき」なので，次のように not を用いて，先ほどの while True の条件の否定文を記すことで表現することもできます。

```
a = 20
while not((a % 4 == 0) and (a % 3 == 0)):
  a = a + 20
print('最小公倍数は'+str(a))
```

```
最小公倍数は60
```

この条件は，言い換えると「a は（3 の倍数でない）か（4 の倍数でないか）のいずれかは満たされる」のように，or（または）を用いた表記になります（高校数学では「ド・モルガンの法則」として学びます）。

```
a = 20
while (a % 4 != 0) or (a % 3 != 0):
  a = a + 20
print('最小公倍数は'+str(a))
```

```
最小公倍数は60
```

以上 2 つの記法で用いる条件文が，お互い否定文の関係にあることに注目しましょう。

例題 11.2 の解答例

```
a = 1
count = 1
while a <= 1000:
  a = 2 * a + 1
  count = count + 1
  print(str(count)+'番目は'+str(a))
```

```
2番目は3
3番目は7
（中略）
10番目は1023
```

配列を用意して追加する方法もありますが，技巧的。配列 a の最後の数は a[-1] で取り出すことができるので，それを利用します。

```
a = [1]
while a[-1] <= 1000:
    a.append(2*a[-1]+1)
print(a)
```

```
[1, 3, 7, 15, 31, 63, 127, 255, 511, 1023]
```

例題 11.3 の解答例

```
a = 500000
month = 0
while a >= 10000:
    a = a - 10000
    month = month + 1
    if month % 12 == 0:
        a = int(a*1.06)      # ここでは切り捨て（intは整数部分の抽出）。
                             # 切り上げの場合はint()+1にする。
    print(str(month)+'か月後の残金は'+str(a)+'円です。')
```

1か月後には残金490000円
2か月後には残金480000円
（中略）
55か月後には残金4787円

　残金を a，購入してからの経過月を month で表します。残金が 1 万円を切るまで，毎月 1 万円ずつ a を減らし，month を 1 ずつ加えます。month が 12 か月経過するごとに，a に利息が追加されることに注意して計算すると，56 か月後に返済が完了することが分かります。

▨ 演習問題 **11.1**

　120, 96, 60 の最大公約数を求めるプログラムを作成しなさい。《最重要》
[Hint] a=60 から順に 1 ずつ引いていき，3 数の約数となった時点で引く操作を止めます。

▨ 演習問題 **11.2**

　2023 を超えない平方数の最大値を求めなさい。《重要》

▨ 演習問題 **11.3**

　252 の素因数が 2，3，7 であることがわかっているとして，252 を素因数分解せよ。

■ 演習問題 **11.4**

「1，2，3，4，5 のいずれかの整数を入力してください」という命令を表示し，input 関数で
いずれかの数値を入力することを繰り返します。入力値の合計が 20 を超えた時点で繰り返し
をとめて，「合計値が 20 を超えました。合計値は○○です。」という文を出力するプログラム
を作成しなさい。《ゲーム作りの基礎問題》

■ 演習問題 **11.5**

数直線上の 0 ～ 5 の区間を，点 P が毎秒 1 の速さで移動します。0 を出発して 5 まで到達す
ると，逆方向に移動し，0 についたらまた 5 に向かう移動の様子を表示せよ。

参考 **for 文も if ～ break で強制的に繰り返しから抜けられる** -

for 文も繰り返しの処理であるので，while 文同様，if ～ break で強制的に繰り返しの処理から
抜けることができます。

```
for i in range(0,5):
  print(i,end=' ')
  if i == 3:
    break
```

```
0 1 2 3
```

参考 **for 文を逆順で利用する方法（初学の際は飛ばしてもよい）** -

実は，for 文を逆順で利用する方法があります。1 つは，次図のように 3 つの引数をとる
range(a,b,c) を利用するものです。a > b かつ c < 0 とし，a から b の 1 つ手前まで c ずつ加えて
いきます。

```
for i in range(5,0,-1):
  print(i,end=' ')
```

```
5 4 3 2 1
```

もう 1 つは，次のように range(a,b) の前に reversed をつける方法で，range で指定された範囲
を逆順で出力します。値の出力が微妙に異なることに注意します。

```
for i in reversed(range(0,5)):
  print(i,end=' ')
```

```
4 3 2 1 0
```

　while True を用いるコードから考えます。変数 a を 3 数の最小値として，1 ずつ順に引いて，3 数の公約数になった時点で繰り返しを抜けるようにします。

```
a = 60
while True:
  if      :
    break
  a =    
print('最大公約数は'+str(a))
```

　次に while 文に直接条件を記述するように変更します。例題 11.1 と同じように，1 ずつ減らす操作が起きるのは，先ほどの「3 数の公約数」でない場合（if の条件の否定文）に相当します。

```
a = 60
while      :
  a =    
print('最大公約数は'+str(a))
```

　素因数を入れておく配列 sosuu と，素因数を順に格納する配列 bunkai を用意します。
　各 sosuu の値について，252 を割り切れるかぎり割り，割れたら bunkai に素因数を追加するようにしていきます。

```
bunkai = []
n = 252
sosuu = [2,3,7]
for i in range(0,    ):
  while      :
    bunkai.append(    )
    n =    
print(bunkai)
```

　時刻を time，位置を x とする変数を用意します。また速さを変数 speed に入れて，1と−1
の2値をとるようにします。

　時刻が 20 以下であるかぎり移動を繰り返します。もし1秒先の位置が5を超えたり，0より
小さくなるようであれば，speed の±を入れ替えます。

　また，時刻と位置を更新して，次の時刻の動きに移ります。

```
x = 0
time = 0
speed = 1
while [      ] :
  if [      ] :
    speed = -speed
  time = [      ]
  x = [      ]
  print('時刻：'+str(time)+',位置：'+str(x))
```

基本の確認問題 1

本章の内容の基本事項を確認するための，コードの読解問題を作成しました。挑戦してみてください。著者の勤務校での高校1年生対象の期末試験問題です。

第1セット

（1）次のコードを実行したときに，出力される数値として正しいものを①〜④の中から1つ選びなさい。ただし，range(a,b) は a 以上 b 未満の整数値を表す。また，for 文内の実行内容は，i に代入される値の回数だけ繰り返されることを意味します。

```
a = 0
for i in range(1,5):
  a = 2*a + 1
print(a)
```

　①7　　②15　　③31　　④63

（2）次のコードを実行したとき，出力される数値の列として正しいものを①〜⑥の中から1つ選びなさい。end=' ' は，改行せず横に並べて表示することを意味します。

```
s = 0
for i in range(0,5):
  s = s + i
  print(s, end=' ')
```

　①10　　②15　　③0 1 3 6 10　　④0 1 3 6 10 15　　⑤1 3 6 10　　⑥1 3 6 10 15

（3）次のコードを実行したとき出力される数値の列として正しいものを①〜④の中から1つ選びなさい。

```
for x in range(0,10):
 if x>3 or x<7:
   print(x, end=' ')
```

　①3 4 5 6 7　　②4 5 6　　③0 1 2 3 4 5 6 7 8 9　　④0 1 2 3 4 5 6 7 8 9 10

(4) 次のコードを実行したとき出力される数値の列として正しいものを①〜④の中から1つ選びなさい。

```
a = [1,2,3,4,5]
for i in range(0,4):
  a[i+1]=a[i]
print(a)
```

① [1,1,1,1,1]　② [2,2,2,2,2]　③ [1,2,3,4,5]　④ [2,3,4,5,5]

(5) 次のコードは配列 a = [1,2,3,4,5] の1と3を入れ替え，その後1と5を入れ替えて，[3,2,5,4,1] を表示するコードを表しています。空欄に共通して入力すべき式を①〜④から1つ選びなさい。

```
a = [1,2,3,4,5]
for i in [0,1]:
  tmp = a[2*i]
  a[2*i]=a[        ]
  a[        ]=tmp
print(a)
```

① 2*i-2　② 2*i-1　③ 2*i+1　④ 2*i+2

(6) 次の2つのコードA，Bが同じ内容を表すように，コードBの空欄にあてはまる式を，①〜④の中から1つ選びなさい。

[コードA]

```
a = [1,2,3,4,5]
i = 4
while i >=0:
  print(a[i], end = ' ')
  i = i-1
```

[コードB]

```
a = [1,2,3,4,5]
for i in range(1,6):
  print(a[        ], end = ' ')
```

① i　② i-1　③ 5-i　④ 6-i

(7) 次の2つのコードは，隣り合う2整数 a と a+1 で「a が5で割り切れ，a+1 が7で割り切れる」ような最小の正の整数 a を求めるものである。空欄　ア　と　イ　にあてはまるものをあとの①〜④からそれぞれ選びなさい。ここで，「%」は「割り算の余りを返す」演算子，「==」は等号，「!=」は等しくないことを表す比較演算子です。

[コード A]

```
a = 1
while  ア  :
  a= a+1
print(a)
```

[コード B]

```
a = 1
while True:
  if  イ  :
    break
  a = a+1
print(a)
```

① a % 5 == 0 and (a+1) % 7 == 0   ② a % 5 == 0 or (a+1) % 7 == 0

③ a % 5 != 0 and (a+1) % 7 != 0   ④ a % 5 != 0 or (a+1) % 7 != 0

(8) 次のコードを実行して出力される数値を答えよ。

```
count = 0
for x in range(0,9):
  for y in range(1,x):
    count = count+1
print(count)
```

注意　x の値によっては，3 行目の y に値が代入できない状況が発生しますが，エラーは起こらず，次の x の値の代入を試みます。

(9) 次のコードは配列 a に格納した数値データの最も大きな値を出力するコードである。

　最終行の print 文の位置ア〜ウと出力結果 A 〜 C の対応付けとして正しいものを，①〜⑥の中から 1 つ選びなさい。

　A. 60　　B. 10 30 60　　C. 10 30 30 60 60 60

```
a = [10,30,20,60,50,40]
maxi = 0
for i in range(0,6):
  if maxi < a[i] :
    maxi = a[i]
print(maxi, end = ' ')      ……ア
  print(maxi, end = ' ')    ……イ
    print(maxi, end = ' ')  ……ウ
```

①ア -A，イ -B，ウ -C　　②ア -A，イ -C，ウ -B　　③ア -B，イ -A，ウ -C

④ア -B，イ -C，ウ -A　　⑤ア -C，イ -A，ウ -B　　⑥ア -C，イ -B，ウ -A

(10) 次のコードの実行結果を答えなさい。ただし b.append(p) は配列 b の終わりに要素 p を追加することを表し、「a//b」は、a を b で割ったときの商を 0 以上の整数で与える（余りのある割り算）演算子、len(b) は配列 b の要素数をそれぞれ表します。

```
a= 6
b = [ ]                    #空白の配列
while a>0:
    b.append(a % 2)
    a = a//2
i = len(b) -1
while i >= 0:
    print(b[i],end = '') #数は詰めて表示
    i= i-1
```

第2セット

以下、range(a,b) は「a 以上 b 未満の整数」であることを表します。

(1) 次のコードの出力結果を次の①～⑧の中から 1 つ選びなさい。

```
a = 1
for b in range(0,6):
    a = a+b
print(a)
```

① 11　② 12　③ 15　④ 16　⑤ 17　⑥ 21　⑦ 22　⑧ 23

(2) 次のコードの出力結果は ア です。また、もし打ち間違えて「a[i] = a[i+1]」が「a[i+1] = a[i]」になると、出力結果は イ になります。

空欄 ア と イ にあてはまるものを次の 1 ～ 8 の中から 1 つずつ選びなさい。

```
a=[1,2,3,4,5]
for i in range(0,4):
    tmp = a[i]
    a[i] = a[i+1]
    a[i+1] = tmp
print(a)
```

① [1,1,1,1,1]　② [1,1,1,1,5]　③ [1,2,3,4,5]　④ [2,2,2,2,2]
⑤ [2,3,4,5,1]　⑥ [2,3,4,5,5]　⑦ [5,1,2,3,4]　⑧ [5,4,3,2,1]

(3) 以下は配列 a の最小値とそれが先頭（1番目）から何番目にあるかを出力するコードです。

```
saisyo = 100
index = 0
a = [50,30,60,70,10,40,50]
for i in range(0,  ア ):
  if a[i]  イ  saisyo:
    saisyo =  ウ
    index =  エ
print('最小値は'+str(index)+'番目で'+str(saisyo)+'です。')
```

空欄 ア ～ エ にあてはまるものを 0～9 から 1 つずつ選びなさい。

⓪ a   ① i   ② i+1   ③ a[i]   ④ a[i+1]   ⑤ len(a)   ⑥ len(a)-1   ⑦ ==

⑧ >   ⑨ <

(4) 下の①～③のコードは最終行のみ異なる内容である。コードの内容と最終行の出力の指示が合致しているものを 1 つ選びなさい。

①

```
a=[1,5,3,8,4,3,2]
for i in range(0,len(a)-1):
  if a[i]>a[i+1]:
print(str(i)+'番目から'+str(i+1)+'番目は減少')
```

②

```
a=[1,5,3,8,4,3,2]
for i in range(0,len(a)-1):
  if a[i]>a[i+1]:
  print(str(i)+'番目から'+str(i+1)+'番目は減少')
```

③

```
a=[1,5,3,8,4,3,2]
for i in range(0,len(a)-1):
  if a[i]>a[i+1]:
    print(str(i)+'番目から'+str(i+1)+'番目は減少')
```

（5）以下は「5 の倍数」かつ「3 で割ると 2 余る」最小の自然数を求めるコードです。

```
i = 0
while [    ] :
  i = i+1
print(i)
```

空欄にあてはまる内容として正しいものを①～⑧の中から 1 つ選びなさい（「//」は割り算の商の整数部分，「%」は余り，「!=」は等しくないことをそれぞれ表します）。

① i // 5 == 0 and i // 3 == 2   ② i // 5 == 0 or i // 3 == 2
③ i // 5 != 0 and i // 3 != 2   ④ i // 5 != 0 or i // 3 != 2
⑤ i % 5 == 0 and i % 3 == 2   ⑥ i % 5 == 0 or i % 3 == 2
⑦ i % 5 != 0 and i % 3 != 2   ⑧ i % 5 != 0 or i % 3 != 2

（6）次のコードは「5 の倍数」かつ「3 で割ると 2 余る」自然数のうち，小さいほうから 5 つの値を順に出力するコードです。変数 count は，残り何個の値を出力すればよいかを表す変数です。

空欄 ［ ア ］～［ ウ ］にあてはまる式を次の①～⑤の中から 1 つずつ選びなさい。また空欄 ［ エ ］にあてはまる式を（5）の①～⑧の中から 1 つ選びなさい。さらに，空欄 ［ オ ］にあてはまる数を答えなさい。

```
i = 0
count =  5
while True:
  [ ア ]
  if ( [ エ ] ) and count == [ オ ] :
    print(i)
    [ イ ]
  elif ( [ エ ] ):
    print(i)
    [ ウ ]
```

① break   ② i = i + 1   ③ i = i - 1   ④ count = count + 1   ⑤ count = count - 1

(7) 次のコードの出力結果は「count1 の値は ア ，count2 の値は イ 」です。
空欄 ア と イ にあてはまる数をそれぞれ答えよ。

```
count1 = 0
count2 = 0
for i in range(0,5):
  for j in range(0,5):
    count1 = count1 + 1
    if i > j:
      count2 = count2 + 1
print('count1の値は'+str(count1)+',count2の値は'+str(count2))
```

(8) (7) のコードの count2 の値を求める部分については，次のように表すこともできます。
ここで，range(a,b) で範囲を指定する for 文は a ＜ b の関係を満たしていない場合，for 文内
の処理は行わないことに注意します。

```
count2 = 0
for i in range(0,5):
  for j in range( ア , イ ):
    count2 = count2 + 1
print(count2)
```

空欄 ア と イ にあてはまる値の組み合わせとして正しいものを次の①〜⑦の中か
ら1つ選びなさい。

① (0, i)   ② (0,i+1)   ③ (1,i)   ④ (1,i+1)   ⑤ (i-1,5)   ⑥ (i,5)   ⑦ (i+1,5)

(9) 次のコードは，どのような条件を満たす整数値を出力することを意図したものであるのか，
簡潔に説明せよ。

```
for i in range(0,200):
  if (i % 10 == 3) or (i // 10)% 10 == 3:
    print(i)
```

（10）次のコードは，自然数の和 1 + 2 + 3 + … + n の値が初めて 2023 を超えるときの n の値と和を求めるコードである。足りない箇所を補って，コードを完成させなさい。

```
souwa = 0
while souwa <= 2023:
    souwa = souwa + n
print(n,souwa)
```

   (1) ②, (2) ③, (3) ③, (4) ①, (5) ④, (6) ③, (7) ア：④, イ：①, (8) 28, (9) ②,
   (10) 110

(1) i＝1〜4 なので，a=2*a+1 は 4 回行われます。a=0 から，1，3，7，15 と変化します。

(2) i＝0〜4 なので，出力値は 5 個。最初 s=0, i=0 なので，s=s+i は 0 なので，まず 0 が出力。

(3) 3 ＜ x ＜ 7 だと「and」です。「3 より大きい」または「7 より小さい」ものなので，すべての整数があてはまります。あとは range の範囲から 0 〜 9 となります。

(4) まず，a[1] に a[0] が代入されて 1 に，次に，a[2] に a[1] が代入されて（a[1]==1）1 に，以下同じ。

(5) tmp に a[0]==1 が入り，a[0] に交換したい 3 を，a[2] に tmp から 1 を入れます。つまり，i=0 のとき 2 になる値を探して 2*i+2。0 と 2，2 と 4 を入れ替えることを考えて 2*I，2*i+2 になります。

(6) コード A は a[4]，a[3]，a[2]，a[1]，a[0] を出力します。よって最初の出力が i=0 のとき 4 になるものと考えて，5-i。一般には i=0，1，2，3，4 に対し，5，4，3，2，1 を考えることから 5-i とわかります。

(7) コード B から見ます。こちらはしばらく a を 1 ずつ増やし，題意の条件を満たしたら繰り返しを止めることを意味するので，イには条件そのものが入ります。アはその条件を満たさないときは 1 を増やすという意味です。したがってイの否定がアに入ります。（ド・モルガンの法則）

(8) x=0 のとき range(1,0) となり，y は存在せず。x=1 のときも range(1,1) でない。x=2 では range(1,2) で y=1 のみ考え，count=1 になります。x=3 だと y=1，2 で count=3。以下，x=8 で y=1，2，3，4，5，6，7 となり，count = 1 + 2 + 3 + … + 7 = 28 となります。

(9) アは for 文の繰り返しからは外れているので，for 文のあと 1 回だけ実行されます。イは for 文の処理であるが，if 文の処理ではないので，if の条件を満たすか否かかかわらず for 文の i の数だけ出力。ウは if 文の処理内容なので，if を満たすときだけ処理されます。

(10) b には順に [0,1,1] と入ります。これを逆順に出力して 110 としています。2 進数への変換です。

   (1) ④, (2) ア：⑤, イ：①, (3) ア：⑤, イ：⑨, ウ：③, エ：②, (4) ③, (5) ⑧,
   (6) ア：②, イ：①, ウ：⑤, エ：⑤, オ：1, (7) ア：25, イ：10, (8) ①,
   (9) 0 〜 199 の整数で桁に 3 を含むものを順に出力する。(10) 次ページ参照

(1) 順に s = 1，2，4，7，16 となります。

(2) 前から順に隣どうしを入れ替えるコード（例題 10.2）です。イは tmp に a[0] の 1，a[1]

にも a[0] の 1 が入り，a[1] に tmp の 1 が入ります。以下 a[2] ～ a[4] すべて 1 に変わります。

（3）演習問題 10.1 参照

（4）第 1 セットの（9）と同じです。①は print 文に for 文で使われる i が入るので，エラー。②は if 文の処理内容がないとみなされエラーが出ます。

（5）第 1 セットの（7）参照。

（6）これも第 1 セットの（7）参照。count は最初 5 で，elif 文で 1 つ見つかる度に 1 ずつ減らします。5 個目を見つけるときに if 文が実行されるので，カは count == 1。

（7）まず i=0 のとき，j=0 ～ 4 について for 文が実行され，次に i=1 のとき j=0 ～ 4 について for 文，以下 i=4 まで繰り返されます。したがって (i,j) の組の数だけ 2 つ目の for 文が実行されるので，アは 25。イはその中で，i > j を満たすものの個数なので，数えてイは 10。

（8）i>j を満たすように range を指定するだけです。

（9）(i//10) で 10（と 100）の位を取得しています。

（10）解答例

```
souwa = 0
n = 1
while souwa <= 2023:
    souwa = souwa + n
    n = n + 1
print(n,souwa)
```

```
65 2080
```

第3章

関数の定義と
2次元配列

想定授業時数：4時間＋課題

　入門レベルでかつ大学入試で想定される出題内容の最後として，関数の定義，2次元配列について扱います。関数の定義は，これまで具体的な数値で考えたものを，文字列からなる変数名で記述するため，抽象度と難易度が少し高くなります。授業ではさほど時間をかけることができないと思いますので，関数の定義の仕方と2次元配列の記述法に触れて，いくつか例題に触れる程度で，残りは課題となるでしょう。本章も基本の確認用として，定期試験問題を掲載していますので，やってみてください。最後にプログラミング特有の考え方である再帰についても触れています。

関数の定義

全く同じ処理を，変数に入れる値を変えて繰り返し行いたいときに，関数を定義します。
最初に次の例を見てください。def は定義（definition）を意味します。

```
def add(a,b):
  return a + b
add(3,4)
```

```
7
```

```
add(2,8)
```

```
10
```

```
add(1,add(2,3))       # 1+(2+3)
```

```
6
```

ここでは，add という名前の足し算を表す関数を定義しています。演算などの処理を定義するときに必要な変数を**引数（ひきすう）**といい，この例では a，b が相当します。return は値を出力する（その出力値は他に適用可能・下の注意参照）場合に用います。

次のコードのように引数がない場合でも，関数名のあとの () は必要です。

```
def Hello():
  return 'Hello'
Hello()
```

```
'Hello'
```

（注意）print と return の違い

print() は，結果を表示するだけで，表示した値を，値としてその後のコードで使うことはできません。一方，**return は値を表しているので，関数の結果として出てきたものであれば，他で使うことができます**。次の左の例では，add(2,3) の結果は表示されますが，それに 1 を加えようとするとエラーが表示されます。右の例は問題ありません。

```
def add(a,b):
  print(a+b)
1+add(2,3)
```

```
5          # printの結果
TypeError   （以下省略）
```

```
def add(a,b):
  return a+b
1+add(2,3)
```

```
6
```

次のように，引数に他の関数の出力値を入れることもよくします。

```
def add(a,b):
  return a+b
def mul(c,d):    # mulはmultiply（積）に由来
  return c*d
add(1,mul(2,3))
```

```
7
```

例題 13.1 （簡単な関数の定義と利用）

りんごとみかんの単価がそれぞれ 200 円と 50 円のとき，りんご，みかんの購入個数 apple，mikan を引数とする，価格を求める関数 kakaku を定義せよ。

例題 13.2 （簡単な関数の定義と利用）

配列 a に入っている数値の合計を求める関数 sum(a) と要素数を求める関数 len(a) を用いて，配列 a の数値の平均値を求める関数，heikin を定義せよ。

例題 13.1 の解答例

```
def kakaku(apple,mikan):
  return 200*apple+50*mikan

print(kakaku(2,3))
print(kakaku(1,1)+kakaku(1,2))
```

```
550
550
```

```
def heikin(a):
  return sum(a)/len(a)
p=[1,2,3,4,5]
q=[1,2,3,4,5,6]
print(heikin(p))
print(heikin(q))
```

```
3.0
3.5
```

■ 演習問題 **13.1** ■

　　正の分数 a/b の整数部分と小数部分をそれぞれ求める関数を作りいくつか実行せよ。

　　[Hint] 例えば，12/5 = 2 + 2/5 です。 / と // を使い分けることが必要です。

例題 **13.3** （階乗）《重要》

　　自然数 n について n! を求める関数，さらにそれを利用して自然数 a から b （a < b）
まっての積を求める関数を定義せよ。《復習》

例題 **13.4** （数のカウント）《重要》

　　自然数からなる配列 hairetu （例えば a = [1,2,3,4,5,6,7,8,9]） に 3 の倍数がいく
つ含まれるかを求める関数 sannobaisuu を定義せよ。

考え方　　まず関数を定義しようとせず，上の具体的な配列 a について，3 の倍数を求めるコー
ドを作成します。これは例題 10.1 と同様です。これを配列 a を引数とする関数にかえます。一
般の配列 a の要素数は不定なので，len(a) を用いることが必要になります。

例題 13.3 の穴埋め式ヒント

　　まず，n! を出力する関数 kaijyo(n) を定義します。1 からの積の値は変数 seki に入れるよう
にします。最終的な seki の値を return で出力するようにします。

　　次に，a から b までの積を求める関数 kukanseki(a,b) を定義します。これは，ある 2 つ
の kaijyo 関数の結果どうしの商として簡単に表すことができます （return 文には数式を書き
ます）。

```
def kaijyo(n):
  seki = 1
  for i in range(1, ⬚ ):
    seki = ⬚
  return seki
def kukanseki(a,b):
  return ⬚


print(kaijyo(6))
print(kukanseki(4,6))
```

例題 13.4 の穴埋め式ヒント

　まず，復習として a = [1,2,3,4,5,6,7,8,9] の 3 の倍数の個数を求めるコードを書いてみます。

```
a=[1,2,3,4,5,6,7,8,9]
count = 0
for i in range(0, ⬚ ):
  if ⬚ :
    count = ⬚
print(count)
```

　このコードを利用して，一般の配列 a を引数にもつ関数 sannobaisu を定義します。

　for 文の range の記述に注意が必要です。先ほどの配列 a は要素数が 9 とわかっていたので，それを利用すればよかったのですが，ここでの a は要素数が不定なので，len(a) で要素数を取り出す必要があります。

```
def sannobaisuu(a):
  count = 0
  for i in range(0, ⬚ ):
    if ⬚ :
      count = ⬚
  return count

x = [1,2,3,4,5,6,7,8,9]
print(sannobaisuu(x))
y = [3,6,9,10,12]
print(sannobaisuu(y))
```

※（重要）return には break の機能もあります。

　もし，seki=seki*i の頭の位置に return seki の頭をそろえると，kaijyo(n) の出力は 1 になってしまいます（i=1 が代入されて，seki を出力すると break が起きて for ループから抜けてしまいます）。

```
def kaijyo(n):
  seki = 1
  for i in range(1,n+1):
    seki = seki * i
  return seki
def kukanseki(a,b):
  return kaijyo(b)//kaijyo(a-1)


print(kaijyo(6))
print(kukanseki(4,6)) #4×5×6
```

```
720
120
```

例題 13.4 の解答例

```
a=[1,2,3,4,5,6,7,8,9]
count = 0
for i in range(0,9):
  if a[i] % 3 == 0:
    count = count + 1
print(count)
```

```
3
```

```
def sannobaisuu(a):
  count = 0
  for i in range(0,len(a)):
    if a[i] % 3 == 0:
      count = count + 1
  return count

x = [1,2,3,4,5,6,7,8,9]
print(sannobaisuu(x))
y = [3,6,9,10,12]
print(sannobaisuu(y))
```

```
3
4
```

注意　関数 sannobaisuu の引数として用いられている配列 a は，この関数を定義するために用いられていて，変数名が x の配列について 3 の倍数の個数を知りたいときは，sannobaisuu(a) ではなく，sannobaisuu(x) となることに注意しましょう。

■ 演習問題 **13.2**

配列 a の最大値と，それが前から何番目（最初は 1 番目）の値なのかを出力する関数 saidai を定義せよ（前から何番目なのかは余裕があればでよい）。《復習・重要》

■ 演習問題 **13.3**

配列 a の（最初を 1 番目とするとき）p 番目と q 番目を入れ替える関数 irekae を定義せよ。《復習・重要》

■ 演習問題 **13.4**

自然数 a，b の最大公約数を求める関数 gcd(a,b) を定義し，いくつか実行しなさい。ただし，必要があれば a，b の最小値を表す関数 min(a,b) を用いよ。《重要》

■ 演習問題 **13.5**

2 つの正の分数 a/b と c/d の和を求めて，約分して表示する関数 bunsuu(a,b,c,d) を定義せよ。ただし，約分には演習問題 13.4 の gcd(a,b) を用いよ。

■ 演習問題 **13.6**

フィボナッチ数列 {1, 1, 2, 3, 5, 8, 13, ……} の n 番目の値を求める関数を定義しなさい。さらに下 1 桁が作る数列の周期を求めなさい（演習問題 10.6 参照）。

演習問題13.2の穴埋め式ヒント

例題 13.2 同様，まずは具体的な配列 p の場合で書いてから，関数に書き直しましょう。

```
p = [10,30,20,50,60,40]

saidaichi = 0
ichi = 0
for i in range(0,        ):
  if         :
    saidaichi =
    ichi =
print(saidaichi,ichi)
```

```
def saidai(a):
  saidaichi = 0
  ichi = 0
  for i in range(0, ☐ ):
    if ☐ :
      saidaichi = ☐
      ichi = ☐
  return saidaichi,ichi

p = [10,30,20,50,60,40]
print('最大値は'+str(saidai(p)[0])+'で'+str(saidai(p)[1]+1)+'番目です。')
```

　ここで, 関数の return 文で, 最大値と位置の両方を返していることに注意します。この2つの値は saidai(p) によりタプル（配列の一種）の型で取得できるので, 最大値だけほしいときは saidai(p)[0] で, 位置は ichi(p)[1] で取得します（難しければ ichi は省略して, return saidaichi のみで構いません）。

演習問題13.3の穴埋め式ヒント

　p, q は先頭が1番目のときの配列の位置を表すので, 配列の先頭が0番目にあわせると, p-1番目, q-1番目になることに注意します。

```
def irekae(a,p,q):
  temp = a[ ☐ ]
  a[ ☐ ] = a[ ☐ ]
  a[ ☐ ] = temp
  return a

x=[1,2,3,4,5,6]
irekae(x,3,6)
```

演習問題13.4の穴埋め式ヒント

　2数 a, b の最大公約数の候補を変数 kekka に入れます。初期値は a, b の最小値にしておき, a, b の公約数になるまで1ずつ引いていくようにします（演習問題11.1参照）。

```
def gcd(a,b):
  kekka = min(a,b)
  while True:
    if ☐ :
      ☐
```

```
    kekka = ☐
  return kekka


print(gcd(25,45))
```

（特殊技巧）ループ文における else の使い方と素数の判定プログラム

if 文以外でも else を用いることができます。for 文の後に else をつけると，else は for 文の後に実行されるのは当然ですが，もし for 文内で「if ～ break」により for 文から抜けた場合は，else 以下は実行されません。

```
for i in range(0,5):
  print(i)
  if i == 10:
    break
else:
  print('else is worked')
```

```
0
(中略)
4
else is worked
```

```
for i in range(0,5):
  print(i)
  if i == 3:
    break
else:
  print('else is worked')
```

```
0
(中略)
3
```

2以上の整数aが素数か否か判定するプログラムを作りいくつか実行しなさい。《重要》

例題 13.5 の解答例

　整数 a を 2 以上（a の半分の数）まで順に割っていき，もし割れたら「素数ではない」を表示し，繰り返しから抜けるようにします。結果的に繰り返しから抜けない場合，つまりどの数でも割り切れない場合は「素数」が表示できるようにします。

```
def sosuu(a):
  for i in range(2,a//2+1):
    if a % i == 0:
      print('素数でない')
      break
  else:
    print('素数')


sosuu(9)
sosuu(10)
sosuu(11)
```

```
素数でない
素数でない
素数
```

基本の確認問題 2

ここまでの内容の基本事項を確認するための，コードの読解問題を作成しました。挑戦してみてください。著者の勤務校での高校 1 年生対象の期末試験問題です。

第 1 セット

p = [90,30,20,10,80,70,60,70,80] のような数値データの配列について，配列内の値の平均値を求める関数 mean を定義し，次に，配列の値で平均値より大きいかまたは等しいものがどれだけあるのかを出力する関数 overmean を定義します。

ここで，range(a,b) は a 以上 b 未満の整数値を，len(c) は配列 c の要素数を表します。また，「/」は商の小数値を，「//」は商の整数部分を表します。

(1) 配列 x の全要素の平均値 ave を求める関数 mean を次のように定義します。空欄　ア　と　イ　にあてはまる式をあとの選択肢①〜⑫からそれぞれ 1 つ選びなさい。

```
def mean(x):
  ave = 0
  for i in range(0,  ア  ):
    ave = ave +  イ
  return ave
```

① len(x)-1　　② len(x)　　③ len(x)+1　　④ x　　⑤ x+1　　⑥ 1　　⑦ x[i]
⑧ x[i+1]　　⑨ x[i]/n　　⑩ x[i+1]/n　　⑪ x[i]/len(x)　　⑫ x[i+1]/len(x)

(2) 配列 x の要素のうち，(1) で算出した平均値よりも大きいか等しいものの個数 count の値を求め，配列 x の要素数に対する count の割合 ratio を出力する関数 overmean を定義します（空欄　ア　には (1) と同じ式が入ります）。

```
def overmean(x):
   ウ
  for i in range(0,  ア  ):
    if  エ  >=  オ  :
      count =  カ
  ratio = round(count *100/len(x),0)   #四捨五入で整数部分まで求める。
  print('平均値を超えるデータ数は全体の'+str(ratio)+'%である。')
```

`p = [90,30,20,10,80,70,60,70,80]` について，`overmean(p)` の出力は「平均値を超えるデータ数は全体の 67.0% である。」となります。

(a) 空欄 ウ にあてはまる式を答えよ。

(b) 空欄 エ と オ にあてはまる式を次の選択肢からそれぞれ選びなさい。

① x ② i ③ x[i-1] ④ x[i] ⑤ x[i+1] ⑥ count ⑦ len(x) ⑧ mean(x)

(c) 空欄 カ にあてはまる式を答えよ。

(3)（2）の overmean 関数は，次のように overmeanw 関数として書き換えることができます（ カ までの空欄には（2）と同じ式が入ります）。

空欄 キ ～ ケ にあてはまる式をそれぞれ答えよ。

```
def overmeanw(x):
   ウ
  i = 1
  while i <=  キ  :
    if  ク  >=  オ  :
      count =  カ
     ケ
  ratio = round(count *100/len(x),0)
  print('平均値を超えるデータ数は全体の'+str(ratio)+'%である。')
```

第2セット

正の整数値からなる配列について，「隣り合う2数の増減値」の最大値を求めるために，関数 diff，maxi，index を順に定義します（difference，maximum の頭文字）。

例えば，配列 a = [1,8,3,6,2,4,9,7,5] について，「隣り合う2数の増減値」は [7,-5,3,-4,2,5,-2,-2] で，これらの最大値は「0番目と1番目の差」である7です。

まず，関数 diff は，空の配列 a を用意しておき，その0番目の値から順に隣り合う2数について，右側の値から左側の値を引いた値を配列 a に追加していき，最終的にできる配列 a を出力します。

ここで，range(a,b) は a 以上 b 未満の整数の範囲を，len(p) は配列 p の要素数（length）を表す関数，a.append() はカッコ内の値を配列 a に追加する操作を表します。

```
def diff(p):
  a=[]
  for i in range(0,  ア  ):
```

```
    a.append(  イ  )
  return a
```

ア , イ の選択肢

① len(p)　② len(p)-1　③ len(p)+1　④ p[i]-p[i+1]　⑤ p[i+1]-p[i]

⑥ p[i]-p[i-1]　⑦ p[i-1]-p[i]

次の関数 maxi は，配列を構成する数値の最大値を求める関数です。

```
def maxi(q):
  b = -10000
  for i in range(0,  ウ  ):
    if  エ  :
       オ
  return b
```

ウ , エ , オ の選択肢

① len(q)　② len(q)-1　③ len(q)+1　④ b > q[i]　⑤ b = q[i]　⑥ b < q[i]

⑦ b == q[i]

最後に，整数値からなる配列 r において，隣り合う 2 数の増減値が s である 2 数の場所を検出する関数 index を定義します。

```
def index(r,s):
  i = 0
  while True:
    if  カ  :
      break
     キ
  print('配列'+str(r)+'の隣り合う値の差が最大になるのは'
        +str(i)+','+str(i+1)+'番目です。')
```

(1) 空欄 ア ～ オ にあてはまる数式を選択肢から選び，空欄 カ , キ にあてはまる式を答えよ。

(2) maxi 関数の最初の行「b = -10000」の b の値は，極力小さな値にしておくことが望ましい。その理由を簡単に説明せよ。

(3) これら 3 つの関数を組み合わせて，配列 a = [1,8,3,6,2,4,9,7,5] の隣り合う 2 数の増減値が最大となる場所を検出するために，入力すべき式を答えよ。

ア：②，イ：⑪，ウ：count = 0，エ：④，オ：⑧，カ：count + 1，キ：len(x)，ク：x[i-1]，
ケ：i = i+1

（1）和をとってから要素数で割るのではなく，各配列の値をあらかじめ要素数で割ったものを
足していると解釈する必要があります。

（2）ウはcountの定義と初期値の設定が入ります。if文の条件式は各要素と平均値の大小関係
であり，（1）の関数を用います。

（3）iは（2）と同じく，配列の要素の順番を表しますが，初期値が1ではじまっていることに
注意します。ケはiの値を増やす内容が入ります（while文をゼロから記述する際に忘れがち
です）。

```
def mean(x):
  ave = 0
  for i in range(0,len(x)):
    ave = ave+ x[i]/len(x)
  return ave
p=[90,30,20,10,80,70,60,70,80]
mean(p)
```

```
56.66666666666667
```

```
def overmean(x):
  count = 0
  for i in range(0,len(x)):
    if x[i] >= mean(x):
      count = count + 1
  ratio = round(count *100/len(x),0)   #四捨五入で整数部分まで求める。
  print('平均値を超えるデータ数は全体の'+str(ratio)+'%である。')

p=[90,30,20,10,80,70,60,70,80]
overmean(p)
```

```
平均値を超えるデータ数は全体の67.0%である。
```

```
def overmeanw(x):
  count = 0
  i = 1
  while i <= len(x):
    if x[i-1] >= mean(x):
      count =  count + 1
    i = i+1
  ratio = round(count *100/len(x),0)
  print('平均値を超えるデータ数は全体の'+str(ratio)+'%である。')


p=[90,30,20,10,80,70,60,70,80]
overmeanw(p)
```

平均値を超えるデータ数は全体の67.0%である。

第2セット解答

(1) ア：②，イ：⑤，ウ：①，エ：⑥，オ：⑤，カ：r[i+1] - r [i] == s，キ：i = i + 1

(2) b は配列 q の最小値を入れるための変数でかつその初期値の設定を行っていて，配列 q の要素には負でかつ絶対値が大きな値が含まれる可能性があり，これらの値よりも小さく設定する必要がある。

(3) index(a,maxi(diff(a)))

(1) アは，差をとる回数が配列 p の要素数よりも1だけ小さいことに注意します。イは，i が0からはじまることに注意します。

```
def diff(p):
  a=[]
  for i in range(0, len(p)-1):
    a.append(p[i+1]-p[i])
  return a

a = [1,8,3,6,2,4,9,7,5]
diff(a)
```

[7, -5, 3, -4, 2, 5, -2, -2]

```
def maxi(q):
  b = -10000
  for i in range(0, len(q)):
    if q[i] > b:
      b = q[i]
  return b

def index(r,s):
  i = 0
  while True:
    if r[i+1] - r[i] == s:
      break
    i = i + 1
  print('配列'+str(r)+'の隣り合う値の差が最大になるのは'+str(i)+','+str(i+1)+'番目です。
')

index(a,maxi(diff(a)))
```

配列[1, 8, 3, 6, 2, 4, 9, 7, 5]の隣り合う値の差が最大になるのは0,1番目です。

2次元配列

　次のように長方形状に数値を並べた配列を2次元配列といい，Pythonではリストを2重にして表記します。

```
a=[[1,2,3,4],
   [5,6,7,8],
   [9,10,11,12],
   [13,14,15,16]]
```

$$\begin{pmatrix} 1 & 2 & 3 & 4 \\ 5 & 6 & 7 & 8 \\ 9 & 10 & 11 & 12 \\ 13 & 14 & 15 & 16 \end{pmatrix}$$

　2次元配列 a の上から x 行目左から y 列目（x, y は 0 はじまり）の要素を a[x][y] で呼び出します。

```
print(a[0][0])
print(a[1][2])
```

```
1
7
```

　また，len(a) では行の数（[1,2,3,4]，[5,6,7,8]，[9,10,11,12]，[13,14,15,16] の4つ）がカウントされます。

```
print(len(a))
```

```
4
```

　上から x 行目の配列の取り出しは a[x] でできますが，左から y 列目の抽出は，for 文を用いて一つずつ要素を取り出して，空の配列に順に追加して作る必要があります。

```
print(a[1]) #1行目の取り出し
print(a[2]) #2行目の取り出し
```

```
[5, 6, 7, 8]
[9, 10, 11, 12]
```

```
b = []
for i in range(0,len(a)):
  b.append(a[i][1])
print(b)
```

```
[2, 6, 10, 14]
```

4人の生徒が3教科のテストを受けて，その点数が次表で与えられています。

番号	国語	数学	英語
1	80	90	100
2	70	100	70
3	80	60	50
4	70	80	90

この表を2次元配列 tensuu で定義して，各生徒の3教科の合計点数を求めることにします。

```
tensuu=[['番号','国語','数学','英語'],
       [1,80,90,100],
       [2,70,100,70],
       [3,80,60,50],
       [4,70,80,90]]
```

(1) 番号3の生徒の合計点数を求めて，「番号3の生徒の合計点は190点です」と表示しなさい。

(2) 4人の各生徒の合計点数を求めて，「番号○の生徒の合計点は△△点です」と表示しなさい。

考え方

(1) 合計点を入れる変数 goukei を用意し，3行目の3つのデータを順に取り出して，goukei に加えていきます。

(2) 2重 for 文を用います。番号 i の生徒について，(1)の操作を繰り返し行うようにします。

例題 15.1 の解答例

(1)

```
tensuu=[['番号','国語','数学','英語'],
       [1,80,90,100],
       [2,70,100,70],
       [3,80,60,50],
       [4,70,80,90]]
goukei = 0
for i in range(1,4):
```

```
  goukei = goukei + tensuu[3][i]
print('番号3の生徒の合計点数は'+str(goukei)+'点です')
```

番号3の生徒の合計点数は190点です

（2）

```
for i in range(1,5):
  goukei = 0
  for j in range(1,4):
    goukei = goukei + tensuu[i][j]
  print('番号'+str(i)+'の生徒の合計点数は'+str(goukei)+'点です')
```

番号1の生徒の合計点数は270点です
（中略）
番号4の生徒の合計点数は240点です

例題 15.2 （値をずらす・swap・例題 10.2, 10.3 の復習）

次の2次元配列 a の0行目を左に一つずつ（1は後ろに）ずらした結果できる配列を表示しなさい。

```
a=[[1,2,3,4],
   [5,6,7,8],
   [9,10,11,12],
   [13,14,15,16]]
```

考え方　例えば，1と2の入れ替えは，一時的な変数の置き場所 tmp を用意して，1を tmp に，2を1に，2のあったところに tmp にいれてある1を移すという方法で行いました。

```
tmp = a[0][0]
a[0][0] = a[0][1]
a[0][1] = tmp
a
```

[[2, 1, 3, 4],[5, 6, 7, 8],[9, 10, 11, 12],[13, 14, 15, 16]]

これと for 文を利用して次のようにします。

[解 1]（例題 10.3 同様）前の 2 つから [1,2,3,4] → [2,1,3,4] → [2,3,1,4] → [2,3,4,1] と入れ替える手法です。

```
for i in range(0,3):
    tmp = a[0][i]
    a[0][i] = a[0][i+1]
    a[0][i+1] = tmp
print(a)
```

```
[[2, 3, 4, 1],[5, 6, 7, 8],[9, 10, 11, 12],[13, 14, 15, 16]]
```

[解 2] 1 を tmp に避けておいて，一つずつ前にずらしていく操作を for 文で記述します。

```
tmp = a[0][0]
for i in range(0,3):
    a[0][i]=a[0][i+1]
a[0][3] = tmp
print(a)
```

```
[[2, 3, 4, 1],[5, 6, 7, 8],[9, 10, 11, 12],[13, 14, 15, 16]]
```

例題 15.3（九九の表）

```
mul = [[0,0,0,0,0,0,0,0,0,0],
       [0,0,0,0,0,0,0,0,0,0],
       [0,0,0,0,0,0,0,0,0,0],
       [0,0,0,0,0,0,0,0,0,0],
       [0,0,0,0,0,0,0,0,0,0],
       [0,0,0,0,0,0,0,0,0,0],
       [0,0,0,0,0,0,0,0,0,0],
       [0,0,0,0,0,0,0,0,0,0],
       [0,0,0,0,0,0,0,0,0,0],
       [0,0,0,0,0,0,0,0,0,0]]
```

```
[['×', 1, 2, 3, 4, 5, 6, 7, 8, 9],
 [1, 1, 2, 3, 4, 5, 6, 7, 8, 9],
 [2, 2, 4, 6, 8, 10, 12, 14, 16, 18],
 [3, 3, 6, 9, 12, 15, 18, 21, 24, 27],
 [4, 4, 8, 12, 16, 20, 24, 28, 32, 36],
 [5, 5, 10, 15, 20, 25, 30, 35, 40, 45],
 [6, 6, 12, 18, 24, 30, 36, 42, 48, 54],
 [7, 7, 14, 21, 28, 35, 42, 49, 56, 63],
 [8, 8, 16, 24, 32, 40, 48, 56, 64, 72],
 [9, 9, 18, 27, 36, 45, 54, 63, 72, 81]]
```

　上の 10 × 10 の全要素 0 の 2 次元配列 mul の値に代入していくことで，右のようなかけ算九九の表を作成しなさい（mul は multiply（かけ算）に由来）。

```
# 0行目のラベルの記述
mul[0][0] = '×'
for i in range(1,      ):
  mul[     ][     ] =          # i列目にiのラベルを記す
# 1〜9行目の記述
for i in range(1,      ):
  mul[     ][     ] =          # 0列目はラベルの表示
  for j in range(1,      ):
    mul[     ][     ] =        # 1列目以降はかけ算の結果
mul
```

例題 15.4（パリティビット）

　次の 0，1 からなる 2 次元配列について，上から i 行目（i=0 〜 3）の 1 の個数が偶数のとき，4 列目を追加して 0 を，奇数のときは 1 を記します。同様に左から j 列目（j=0 〜 4）の 1 の個数が偶数のとき，4 行目を追加して 0 を，奇数のときは 1 を記します。このような，各行・各列に 1 が偶数個あるか奇数個あるかを示す 0，1 の値のことをパリティビットといいます。

```
mat = [[1,0,0,1],
       [0,1,0,0],
       [1,1,1,0],
       [0,1,1,0]]
```

1	0	0	1	0
0	1	0	0	1
1	1	1	0	1
0	1	1	0	0
0	1	0	1	0

このようにしてつくられた配列 mat を出力しなさい（mat は matrix（行列）に由来）。

注意　パリティビットは，文字データをビット列（0 か 1 の 2 進表記）に直して，インターネット経由で相手に送信するとき，ノイズの影響で 0 と 1 が反転してしまっていないかを簡単に確認するための手段として用いられます。

まず，mat の i 行目（i=0 〜 3）の 1 の個数を変数 yokocount に算出（つまり和を取ればよい）します。yokocount が偶数のとき 0，奇数のとき 1 の値（つまり 2 で割った余り）を，append で i 行目の最後に追加します。

次に，mat の 4 行目として [0,0,0,0,0] を追加して，各要素を更新します。

mat の j 列目（j=0 〜 4）の 1 の個数を変数 tatecount に算出し，パリティビットの値を mat の (4, j) 成分に代入します。

例題 15.4 の穴埋め式ヒント

```
for i in range(0,        )
    yokocount = 0                      # i行目の1の個数を求める
    for j in range(0,        ):
        yokocount = yokocount +        # i行目の和を求めればよい
    mat[i].append(        )            # i行目の最後にパリティビットを追加

mat.append([0,0,0,0,0])               # 4行目をあらかじめ追加

for j in range(0,        ):
    tatecount = 0                      # j列目の1の個数を求める
    for i in range(0,        ):
        tatecount = tatecount +        # j列目の和を求めればよい
    mat[4][j] =                        # j列目の最後にパリティビットを代入
mat
```

例題 15.5（点の移動）《重要》

6×6のサイズの2次元配列 mat に0を格納しておき，下図のように1から11までの値を入れることを考えます。mat[x][y] が表す場所を (x,y) で表すことにするとき，(x,y) の次に考える位置への移動量を表す配列 dx=[0,1] と dy=[1,0] を用意します。最初に (0,0) に1を入れた後，次は dx[0]，dy[0] だけ移動した (0,1) に2を，次は dx[1]，dy[1] だけ移動した (1,1) に3を，以下同様に11まで入れていくようにコードを作成しなさい（例題10.7参照）。

```
mat = [[1,2,0,0,0,0],
       [0,3,4,0,0,0],
       [0,0,5,6,0,0],
       [0,0,0,7,8,0],
       [0,0,0,0,9,10],
       [0,0,0,0,0,11]]
```

例題 15.3 の解答例

```
mul = [[0,0,0,0,0,0,0,0,0,0],    # 1行目を入力したら，あとはコピー（Ctrl+C, V）しよう
       [0,0,0,0,0,0,0,0,0,0],    #  （第1章0節末）
       [0,0,0,0,0,0,0,0,0,0],
       [0,0,0,0,0,0,0,0,0,0],
       [0,0,0,0,0,0,0,0,0,0],
       [0,0,0,0,0,0,0,0,0,0],
       [0,0,0,0,0,0,0,0,0,0],
       [0,0,0,0,0,0,0,0,0,0],
       [0,0,0,0,0,0,0,0,0,0],
       [0,0,0,0,0,0,0,0,0,0]]
# 0行目のラベルの記述
mul[0][0] = '×'
for i in range(1,10):
  mul[0][i] = i
# 1～9行目の記述，0列目はラベルの表示
for i in range(1,10):
  mul[i][0] = i
  for j in range(1,10):
    mul[i][j] = i*j
mul
```

```
[['×', 1, 2, 3, 4, 5, 6, 7, 8, 9],
 [1, 1, 2, 3, 4, 5, 6, 7, 8, 9],
 (中略)
 [8, 8, 16, 24, 32, 40, 48, 56, 64, 72],
 [9, 9, 18, 27, 36, 45, 54, 63, 72, 81]]]
```

例題 15.4 の解答例

```
for i in range(0,4):
  yokocount = 0
  for j in range(0,4):
    yokocount = yokocount+mat[i][j]    # i行目の1の個数を求める
  mat[i].append(yokocount % 2)         # i行目の最後にパリティビットを追加

mat.append([0,0,0,0,0])                # 4行目をあらかじめ追加

for j in range(0,5):
  tatecount = 0
  for i in range(0,4):
    tatecount = tatecount + mat[i][j]
  mat[4][j] = tatecount % 2
mat
```

```
[[1, 0, 0, 1, 0],
 [0, 1, 0, 0, 1],
 [1, 1, 1, 0, 1],
 [0, 1, 1, 0, 0],
 [0, 1, 0, 1, 0]]
```

例題 15.5 の解答例

```
mat = [[0,0,0,0,0,0],
       [0,0,0,0,0,0],
       [0,0,0,0,0,0],
       [0,0,0,0,0,0],
       [0,0,0,0,0,0],
       [0,0,0,0,0,0]]
dx=[0,1] ; dy=[1,0]    # セミコロン「;」で改行なしにコードを表現できます。
x=0 ; y=0
for i in range(1,12):
  mat[x][y]=i
  x = x + dx[(i-1) % 2]
  y = y + dy[(i-1) % 2]
mat
```

■ 演習問題 **15.1**

例題 15.1 の表について，各教科の平均点を求め，表示しなさい。

■ 演習問題 **15.2**

例題 15.2 のような 4 × 4 のサイズで整数値からなる 2 次元配列 a について，左から p 列目の数値を一つずつ上の行にずらす（一番上の行の数は最下行に移す）関数 irekae(a,p) を定義しなさい。

■ 演習問題 **15.3**（点の移動）《重要》

6 × 6 のサイズの 2 次元配列 mat に 0 を格納しておき，下図のように 1 から 20 までの値を入れることを考えます。mat[x][y] が表す場所を (x,y) で表すことにするとき，(x,y) の次に考える位置への移動量を表す配列 dx=[0,1,0,-1] と dy=[1,0,-1,0] を用意します。この配列を利用して，下の配列を表示するコードを作成しなさい（例題 15.5 参照）。

```
mat = [[1,2,3,4,5,6],
       [20,0,0,0,0,7],
       [19,0,0,0,0,8],
       [18,0,0,0,0,9],
       [17,0,0,0,0,10],
       [16,15,14,13,12,11]]
```

重要な注意

本章で扱った 2 次元配列は，仕組みからして実用性に欠け，実際は標準ライブラリの Numpy や Pandas の配列を使います。第 4 章でみる大学入試センター試験の過去問で 2 次元配列を用いたものが多く出題されているので，ここでは 2 次元配列の概念を理解することに主眼を置いています。

16 再帰

　関数の中で，引数の数値を変えて自分自身を呼び出す操作を**再帰**といい，アルゴリズムの世界ではよく用いられる考え方です。

　例えば，下は 1, 2, 3, ……, n の和を求めようとしている関数 souwa の定義です。

```
def souwa(n):
  if n <= 0:
    return 0
  return n + souwa(n-1)

souwa(10)
```

```
55
```

　souwa(n) の定義に souwa(n-1) が出てきます。すると souwa(n-1) が呼び出され，(n-1) + souwa(n-2) を考えることになります。すると souwa(n-2) が呼び出され，……という一連の処理を，for 文を用いることなく実施してくれます。souwa(0) に到達すると，souwa(0) から順に決まっていきます。

　souwa(10) の計算手順は以下のようになります。

```
souwa(10)
   souwa(9)                         → 10+souwa(9)を求めようとsouwa(9)が呼ばれる
      souwa(8)                      → 9+souwa(8)で，souwa(8)が呼ばれる
         ...
            souwa(1)                → 2+souwa(1)で，souwa(1)が呼ばれる
               souwa(0)
               0                    → ようやく値が1つ決まり，以下順に値が決まる
            1+souwa(0)=1
         ...
      8+souwa(7)=36
   9+souwa(8)=45
10+souwa(9)=55
```

最初の数が 1 で，以降前の数を 2 倍して 1 加えてできる数列の n 番目の値を出力する
関数 f(n) を定義し，この数列の 4 番目と 10 番目の値を出力しなさい。

考え方 上の例の souwa を参考にします。一番の核になる部分は，f(n) の値は 2*f(n-1)+1 に
よって決まっていくという点です。あとは，最初の n=1 の時の値の指定をすれば書けます。

例題 **16.1** の解答例

```
def f(n):
  if n == 1:
    return 1
  return 2*f(n-1)+1

print(f(4))
print(f(10))
```

```
15
1023
```

2 つの正の整数 a，b（a > b）の最大公約数を gcd(a, b) と表すとき，0 < a − pb < b
となる正の整数 p に対し，

$$gcd(a,b) = gcd(a-b,b) = gcd(a-2b,b) = \cdots = gcd(a-pb,b)$$

が成り立ちます。これを繰り返し用いることで，最大公約数を求める方法を**ユークリッ
ドの互除法**といいます。gcd(a,b) を求める方法のプログラムを，gcd を関数として定義
しなさい。

考え方 例えば，gcd(168,60) であれば，

168 = 60 × 2+48 で，gcd(168,60) = gcd(108,60) = gcd(48,60)，

つまり，gcd(60,48) に等しくなります。次に，

60 = 48 × 1+12 で，gcd(60,48) = gcd(12,48)，

つまり，gcd(48,12) に等しくなります。そして，

$$48 = 12 \times 4+0 \text{ で，} gcd(48,12) = 12$$

となり，gcd(168,60) = 12 となることがわかります。

```
gcd(168,60)
  gcd(60,48)
    gcd(48,12)
    12
```

　ほかに，gcd(37,11) であれば，

$$37 = 13 \times 2 + 11 \text{ で，} gcd(37,13) = gcd(11,13),$$

つまり，gcd(13,11) に等しく，

$$13 = 11 \times 1 + 2 \text{ で，} gcd(13,11) = gcd(2,11),$$

つまり，gcd(11,2) に等しく，

$$11 = 2 \times 5 + 1 \text{ で，} gcd(11,2) = gcd(1,2),$$

つまり，gcd(2,1) に等しく，

$$2 = 1 \times 2+0 \text{ で，} gcd(2,1) = 1$$

となり，gcd(37,11) = 1 となることがわかります。

　核になるのは gcd(a,b) の書き換えです。a − pb は「a を b で割った余り」という意味であり，「%」を使うと簡単に表現でき，gcd(b,a % b) を求めればよいことになります。ここに再帰の構造が入ります。ただし，gcd(a,b) の引数は「a > b」の関係にあることに注意します。
　あとは，a が b の倍数になったときの記述を行えばよいことがわかります。

解答を読んで再現できれば十分です。

```
def gcd(a,b):
  if a % b == 0:
    return b
  return gcd(b,a % b)

print(gcd(168,60))
print(gcd(37,11))
```

```
12
1
```

■ 演習問題 **16.1**（フィボナッチ数列）

フィボナッチ数列 1，1，2，3，5，8，13，21，34，55，……を表示する関数 fib(n) を，再帰の考え方を利用して定義せよ。

■ 演習問題 **16.2**（最短経路の総数）

次図の格子状の道に沿って，点 A から点 B まで最短で行く方法は全部で何通りありますか。縦の道数を a, 横の道数を b とするときの方法の数を route(a,b) で定めて，プログラムを作成しなさい。

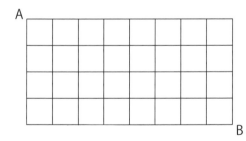

考え方　場合の数の単元で学んだ，順番に数字を書き入れて，足していく考え方を利用します。例えば，最後のBにたどり着く方法は，直前にPにいるかQにいるかの2通りがあり，AからP,Qに到達する方法の数の和が，AからBに到達する方法の場合の数となります。

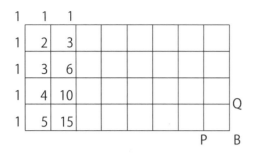

重要な注意

　再帰の構造は，コード自体は非常にシンプルで書きやすいのですが，順番に前の値を呼び出していくので，計算量は膨大なものとなります。フラクタル図形の描画や迷路の探索などそれなりの用途はあるものの，計算に時間はかかるので，実用場面ではそこまで多くは登場しません。

第4章

種々の応用

　この章では，これまでの知識で十分理解できる応用例を紹介します。特に高校情報Iの他の単元の内容を題材としているものを多く取り上げ，最後には，ゲームを題材にした応用例を紹介します。

基本の統計量

これまで学んだことを利用して，現在中学・高校の数学で学ぶ統計量を Python で求めることを試みます。

中央値と四分位数

データを小さい順に並べ替えたとき，真ん中の順位の値を**中央値**，小さいほうから 1/4 の順位の値を**第 1 四分位数**，大きいほうから 1/4 の順位の値を**第 3 四分位数**といいます。四分位数の定義は複数ありますが，ここでは数学の検定教科書に基づいたもので計算していくことにします。正確な定義は以下の通りです。

データ数を n とするとき，

- **中央値（第 2 四分位数）** n = 2m-1（奇数）のとき，小さいほうから m 番目の値
  n = 2m（偶数）のとき，小さいほうから m 番目と m+1 番目の値の平均値
- **第 1 四分位数** n = 2m-1（奇数）のとき，小さいほうから m-1 個のデータの中央値
  n = 2m（偶数）のとき，小さいほうから m 個のデータの中央値
- **第 3 四分位数** n = 2m-1（奇数）のとき，大きいほうから m-1 個のデータの中央値
  n = 2m（偶数）のとき，大きいほうから m 個のデータの中央値

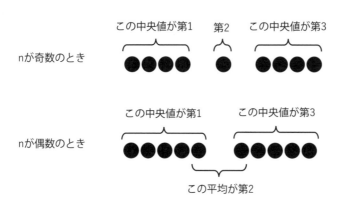

例題 17.1 （中央値と四分位数）

配列 a に数値データが格納されているとき，

(1) 配列 a の中央値を求める関数 mid(a) を定義しなさい。

(2) mid(a) を利用して，第 1 四分位数，第 3 四分位数を求める関数 quar1(a)，quar3(a) をそれぞれ定義しなさい。ここで，配列 a の i 番目から j 番目まで（先頭は 0 番目）のデータを取得する a[i:j+1] を利用します（range と同様「j+1 未満」であることに注意します）。

考え方

(1) まず具体例 p = [1,2,3,4,5,6,7,8,9] と q = [1,2,3,4,5,6,7,8,9,10] で考えます。

注意しないといけないのは，0 番目はじまりである点と，データ数を len(a) で取得して利用しなければならない点です。例えば，配列 p は要素数 9 で奇数の場合に相当します。9 を 2 で割った商である 4 が，0 番目はじまりで数えるときの中央値の位置を示していることに注目します（偶数の場合も同じように考えましょう）。

(2)（1）で定義した関数に，配列の前半部分・後半部分を代入します。これも具体例を通じて，取得するデータの範囲を考えましょう。

例題 17.1 の解答例

(1)

```
def mid(a):
  if len(a) % 2 == 1:
    return a[len(a)//2]
  else:
    return (a[len(a)//2-1]+a[len(a)//2])/2

p = [1,2,3,4,5,6,7,8,9]
q = [1,2,3,4,5,6,7,8,9,10]
print(mid(p))
print(mid(q))
```

```
5
5.5
```

(2)

```
def quar1(a):
    return mid(a[0:len(a)//2])

r = [1,2,3,4,5,6,7,8,9,10,11]
s = [1,2,3,4,5,6,7,8,9,10,11,12]
print(quar1(p))
print(quar1(q))
print(quar1(r))
print(quar1(s))
```

```
2.5
3
3
3.5
```

```
def quar3(a):
  if len(a) % 2 == 1:
    return mid(a[len(a)//2+1:len(a)])
  else:
    return mid(a[len(a)//2:len(a)])

print(quar3(p))
print(quar3(q))
print(quar3(r))
print(quar3(s))
```

```
7.5
8
9
9.5
```

第3四分位数も次のように1つの式でまとめることができます。

```
def quar3(a):
    return mid(a[(len(a)+1)//2:len(a)])

print(quar3(p))
print(quar3(q))
print(quar3(r))
print(quar3(s))
```

分散・標準偏差・偏差値

n 個のデータ $x = (x_1, x_2, x_3, \ldots, x_n)$ について，その平均値を $\bar{x}$ とします。
各データの平均からの偏差 $x_k - \bar{x}$ の 2 乗の平均値

$$s^2 = \frac{1}{n}\sum_{k=1}^{n}(x_k - \overline{x})^2 = \frac{1}{n}\{(x_1 - \overline{x})^2 + (x_2 - \overline{x})^2 + \cdots + (x_n - \overline{x})^2\}$$

を，**分散**（variance）といい，この平方根

$$s = \sqrt{\frac{1}{n}\sum_{k=1}^{n}(x_k - \overline{x})^2} = \sqrt{\frac{1}{n}\{(x_1 - \overline{x})^2 + (x_2 - \overline{x})^2 + \cdots + (x_n - \overline{x})^2\}}$$

を，**標準偏差**（standard deviation）といいます。これらはデータのばらつき具合を表す指標として用いられます。

分散は，平均値に近いほど影響が小さく，平均値から離れたデータが多いほど大きな数値として反映されます。偏差の絶対値ではなく，偏差の 2 乗を考えるのはあくまで数学的処理が容易であることも理由の一つで，単位を元に戻すために平方根をとった標準偏差を利用します。

100 点満点の定期試験では，標準偏差は 8 〜 20 の間になることが通例です。

また，試験の成績でよく使われる**偏差値**（Z score）は，平均値を 50，標準偏差 1 つ分を 10 に換算した指標で，x_k の偏差値は，

$$x_k \text{ の偏差値} = 50 + \frac{x_k - \overline{x}}{s} \times 10$$

で与えられます。例えば，偏差値 60 は「平均値 ＋ 標準偏差」，40 は「平均値 − 標準偏差」を表します。得点分布が正規分布（数学 B で学習する左右対称の釣鐘状の分布）のときは，偏差値 40 〜 60 に全データの約 68 % 入っていることになります。つまり，標準偏差は，正規分布ならば平均±標準偏差の範囲に全データの約 68 % が入っていることを示す数値であることを示します。

ちなみに，偏差値が 70 とは，「平均 ＋ 2 × 標準偏差」のデータに相当し，それ以上のデータは正規分布の場合全データの 2.5 % 程度しかないことが知られています。

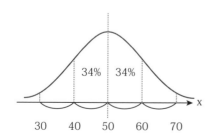

配列 a に数値データが格納されています。

(1) 配列 a の平均値 ave(a) を，和を求める関数 sum(a) を用いて定義しなさい。

(2) 配列 a の分散 var(a) と標準偏差 sd(a) を，ave(a) を用いて順に定義しなさい。

(3) 配列 a のデータ a[i] の偏差値 zscore(a,i) を，（2）までの関数を用いて定義しなさい。

考え方 平方根は 0.5 乗「**0.5」を用います。あとは比較的容易にできるでしょう。

例題 17.2 の解答例

```python
def ave(a):
    return sum(a)/len(a)

def var(a):
    souwa = 0
    for i in range(0,len(a)):
        souwa = souwa + (a[i]-ave(a))**2
    return souwa/len(a)

def sd(a):
    return var(a)**0.5

def zscore(a,i):
    return ((a[i]-ave(a))/sd(a))*10+50

a=[30,40,40,50,50,50,60,60,70]
print('平均値：'+str(ave(a)))
print('分散：'+str(var(a)))
print('標準偏差：'+str(sd(a)))
print('70の偏差値:'+str(zscore(a,8)))
```

```
平均値:50.0
分散:133.33333333333334
標準偏差:11.547005383792516
70の偏差値:67.32050807568876
```

共分散・相関係数・回帰直線

　次図（散布図）のように，2つの変量 x，y のデータ (x_1, y_1), (x_2, y_2), …, (x_n, y_n) について，一方の変量の値が増えるにつれて，他方の変量が増える傾向にあることを「**正の相関関係がある**」といい，逆に一方の変量が増えるにつれて，他方の変量が減る傾向にあることを「**負の相関関係がある**」といいます。この相関関係は，下で定義する**相関係数**（correlation coefficient）の数値で判断します。

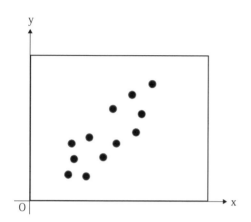

　相関係数は－1から1までの値をとり，その正負の値で正の相関・負の相関を判断します。

　また，絶対値が約 0.7 以上のときを「強い相関関係がある」と判断し，0 に近いほど相関関係は弱くなります。相関係数の絶対値が 1 のとき，データは一直線上に並び，0 のときはある点を中心に上下左右に対称に分布していることを表します。

　それでは相関係数の定義に移ります。2変量 x，y ごとの平均値 $(\bar{x}, \bar{y})$ の座標を基準に，次のように新しく座標軸をとり，4つの領域にわけます。

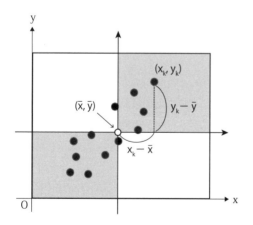

　正の相関関係が見られるときは，斜線で示した領域にある，つまり「x，y とも平均値より大きい」か「x，y とも平均値より小さい」のいずれかであるデータが多くあります。負の相関関係のときは逆になります。このことを反映させるために，x，y の偏差の積 $(x_k - \bar{x})(y_k - \bar{y})$

の平均値を考えます。これを**共分散**（covariance）といいます。正の相関がみられるときは，偏差の積が正であるデータが多く，負の相関のときは，偏差の積が負のデータが多いことが，この共分散の値の正負に反映されます。

$$s_{xy} = \frac{1}{n}\sum_{k=1}^{n}(x_k - \bar{x})(y_k - \bar{y})$$
$$= \frac{1}{n}\{(x_1 - \bar{x})(y_1 - \bar{y}) + (x_2 - \bar{x})(y_2 - \bar{y}) + \cdots + (x_n - \bar{x})(y_n - \bar{y})\}$$

そして，相関係数は，共分散を x, y の標準偏差の積で割った商

$$r = \frac{s_{xy}}{s_x s_y}$$

として定義されます（相関係数が−1以上1以下であることの理由は後述）。

さらに，相関関係がある程度強いとき，次のようにデータの分布状況を的確に表現する**回帰直線**を考え，x の値に対して，y の値の推定値を求めることが可能になります。

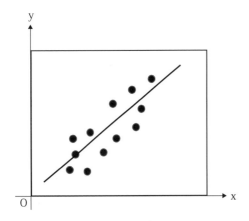

この回帰直線 y = ax + b の式は，x, y の平均値 $(\bar{x}, \bar{y})$ ，共分散 s_{xy} と x の標準偏差 s_x を用いて，

$$a = \frac{s_{xy}}{s_x{}^2}, \ b = \bar{y} - a\bar{x}$$

で与えられます（理由は複雑なので省略）。

※相関「係数」という名前がついていますが，回帰直線の傾きとは異なる値であることに注意します。特に回帰直線は，x, y の標準偏差のいずれかしか用いないので，x, y のデータの関係を逆にすると，異なる値が算出されてしまいます。

　同じ個数の数値データが格納されている配列 a, b について，例題 17.2 で定義した関数 ave(a), var(a), sd(a) を用いて，次の関数を順に定義しなさい。

(1) 配列 a, b の共分散 covar(a, b)

(2) 配列 a, b の相関係数 correl(a, b)

(3) 配列 a のデータから配列 b の変量の数値を推定する回帰直線の傾き slope(a, b) と，y 切片 intercept(a, b)

■ 相関係数の式の解釈と値の範囲の説明（高校数学のベクトルの知識が必要です）

$$
\begin{aligned}
r &= \frac{\frac{1}{n}\{(x_1 - \bar{x})(y_1 - \bar{y}) + (x_2 - \bar{x})(y_2 - \bar{y}) + \cdots + (x_n - \bar{x})(y_n - \bar{y})\}}{\sqrt{\frac{1}{n}\{(x_1 - \bar{x})^2 + \cdots + (x_n - \bar{x})^2\}}\sqrt{\frac{1}{n}\{(y_1 - \bar{y})^2 + \cdots + (y_n - \bar{y})^2\}}} \\
&= \frac{\{(x_1 - \bar{x})(y_1 - \bar{y}) + (x_2 - \bar{x})(y_2 - \bar{y}) + \cdots + (x_n - \bar{x})(y_n - \bar{y})\}}{\sqrt{(x_1 - \bar{x})^2 + \cdots + (x_n - \bar{x})^2}\sqrt{(y_1 - \bar{y})^2 + \cdots + (y_n - \bar{y})^2}} \\
&= \frac{\begin{pmatrix} x_1 - \bar{x} \\ x_2 - \bar{x} \\ \cdots \\ x_n - \bar{x} \end{pmatrix} \cdot \begin{pmatrix} y_1 - \bar{y} \\ y_2 - \bar{y} \\ \cdots \\ y_n - \bar{y} \end{pmatrix}}{\left| \begin{pmatrix} x_1 - \bar{x} \\ x_2 - \bar{x} \\ \cdots \\ x_n - \bar{x} \end{pmatrix} \right| \left| \begin{pmatrix} y_1 - \bar{y} \\ y_2 - \bar{y} \\ \cdots \\ y_n - \bar{y} \end{pmatrix} \right|}
\end{aligned}
$$

のように変形でき，分子は 2 ベクトルの内積，分母は 2 ベクトルの大きさの積と解釈できます。すると相関係数は（n = 2, 3 の場合），2 ベクトルのなす角を θ としたときの $\cos\theta$ の値を表し，－1 以上 1 以下の値になることが容易に理解できます。

例題 17.3 の解答例

```
def ave(a):
  return sum(a)/len(a)

def var(a):
  souwa = 0
  for i in range(0,len(a)):
    souwa = souwa + (a[i]-ave(a))**2
  return souwa/len(a)

def sd(a):
```

```
    return var(a)**0.5

def covar(a,b):
  souwa = 0
  for i in range(0,len(a)):
    souwa = souwa + (a[i]-ave(a))*(b[i]-ave(b))
  return souwa/len(a)

def correl(a,b):
  return covar(a,b)/(sd(a)*sd(b))

def slope(a,b):
  return covar(a,b)/var(a)

def intercept(a,b):
  return ave(b)-slope(a,b)*ave(a)

x=[10,20,30,40,50,60,70,80]
y=[15,30,35,45,55,55,65,85]
print('相関係数:'+str(correl(x,y)))
print('回帰直線の傾き:'+str(slope(x,y)))
print('回帰直線のy切片:'+str(intercept(x,y)))
```

```
相関係数: 0.9801960588196069
回帰直線の傾き:0.875
回帰直線のy切片:8.75
```

■ 重要な注意

　これらの一連の計算において，§1で述べたような小数計算の誤差が随所で発生していて，最終的に得られる数値は，表計算ソフトで算出されるものと小数第1位から異なる場合があります。実用的には，このあとの章で紹介する標準ライブラリや，Python関連のソフトウェア（Scipyなど）を利用することになります。

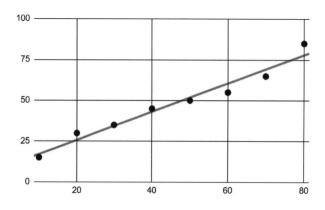

探索とソートのアルゴリズム

プログラミングでは，効率よく計算を行うために様々なアルゴリズムが考案されてきました。ここでは，小さい順に並べ替えるソートのアルゴリズムと，特定の値を発見する探索のアルゴリズムを紹介します。

ソートのアルゴリズム

例題 18.1 （選択ソート）

一列に並んだデータを昇順に並べ替えることを考えます。まず全データの最小値を求めて，先頭の値と入れ替えます。次に残りのデータの最小値を求め，2番目の値と入れ替えます。これを繰り返すことで昇順に並べ替える方法を**選択ソート**といいます。

例えば，[80,60,20,40] の場合，

- 前から順に比較して最小値が 20 なので，20 と先頭の 80 を入れ替えます。
  [20,60,80,40]
- 次に，[60,80,40] の最小値は 40 なので，2番目と入れ替えます。
  [20,40,80,60]
- 最後，[80,60] について入れ替えて，次の結果が得られます。
  [20,40,60,80]

以上の操作は次のように記述できます。

```
a = [80,40,20,60]
for i in range(0,  オ  ):
  min = i
  for j in range(  カ  ,len(a)):
    if a[min] > a[j]:
      min =  ア
  temp = a[min]
  a[  イ  ] = a[  ウ  ]
  a[  エ  ] = temp
print(a)
```

a[i] の値（i 番目に小さい）を確定するとき，最小値を探す範囲は，a[i+1] 〜 a[len(a)-1] です。これらのうち最小値が何番目にあるかを表す値を min として，仮に i を入れておきます。a[min] と a[i+1] 〜 a[len(a)-1] を順に比較していき，a[min] より小さな値があれば，min を更新していきます。最終的に得られた min について，a[min] と a[i] を交換することで a[i] が確定します。

　　空欄 ア 〜 カ にあてはまる式をそれぞれ答え，コードを完成させなさい。

考え方　空欄 ア 〜 ウ は 2 数の入れ替え操作（temp に一方を避けておき，入れ替える。例題 10.2 参照）です。

例題 18.2（バブルソート）

　　一列に並んだデータを昇順に並べ替えることを考えます。後ろから隣りどうしの比較を繰り返し，小さい順になるように入れ替えていくと，最小値が先頭に来ます。残りのデータについても同様の操作を繰り返していく方法を，最小値が泡のように浮き出てくることから，**バブルソート**といいます。

　　例えば，a = [80,40,20,60] の場合，

- まず，後ろ順に 2 つずつ比較して，20，60 は小さい順なのでそのまま。40，20 は逆順なので入れ替えます。

  [80,20,40,60]

- 80，20 は逆順なので入れ替えます。

  [20,80,40,60]

- 次に，[80,40,60] について同様の操作を行います。

  [20,40,80,60]

- 最後に，[80,60] を入れ替えて終了となります。

  [20,40,60,80]

以上の操作は下のように記述することができます。

```
a = [80,40,20,60]
for i in range(0,  エ  ):
  for j in range(1,  オ  ):
    if a[len(a)-j-1]>a[len(a)-j]:
      temp = a[len(a)-j]
      a[  ア  ] = a[  イ  ]
      a[  ウ  ] = temp
  print(a)
```

a[i] の値（i 番目に小さい）を確定するとき，並べ替えの対象は，a[i] 〜 a[len(a)-1] であり，後ろからまず a[len(a)-2] と a[len(a)-1] を比較，次に a[len(a)-3] と a[len(a)-2] を比較，……，最後に a[i] と a[i+1] を比較し，必要があれば入れ替えます。

　　空欄　ア　〜　オ　にあてはまる式を答え，コードを完成させなさい。

考え方　空欄　エ　は，問題文中の i がとりうる値の範囲を考えれば容易。空欄　オ　は，a[i] の値の決定の際に，最後に比較するのが a[i] と a[i+1] である点に注目。これが a[len(a)-j-1] と a[len(a)-j] に等しくなる j の値を計算すれば求まります。

例題 18.1 の解答

ア：j，イ：min，ウとエ：i，オ：len(a)-1，カ：i+1

```
a = [80,40,20,60]
for i in range(0,len(a)-1):
  min = i
  for j in range(i+1,len(a)):
    if a[min] > a[j]:
      min = j
  temp = a[min]
  a[min] = a[i]
  a[i] = temp
  print(a)
```

```
[20,40,80,60]
[20,40,80,60]
[20,40,60,80]
```

a=[90,50,20,10,80,40,70,60,30] の場合の実行結果

```
[10, 50, 20, 90, 80, 40, 70, 60, 30]
[10, 20, 50, 90, 80, 40, 70, 60, 30]
(中略)
[10, 20, 30, 40, 50, 60, 70, 80, 90]
```

注意　例えば空欄オに len(a) 以上の値を入れても，j の範囲にあてはまるものがないと判断されるだけで，コードのエラーは発生しません。しかし入れ替えが一切起きず，最後の print(a) が実行されて，処理結果が余計に表示されてしまいます。したがって問題の解答としてはふさわしくありません。この後の例題でも同様です。

ア：len(a)-j，イとウ：len(a)-j-1，エ：len(a)-1，オ：len(a)-i

エは，a[0]，a[1]，a[2]，…，a[len(a)-2] の順に値を確定することからわかります。

オは，i=len(a)-j-1 となるとき，j=len(a)-i-1 であることからわかります。

```
a = [80,40,20,60]
for i in range(0,len(a)-1):
  for j in range(1,len(a)-i):
    if a[len(a)-j-1]>a[len(a)-j]:
      temp = a[len(a)-j]
      a[len(a)-j] = a[len(a)-j-1]
      a[len(a)-j-1] = temp
  print(a)
```

```
[20, 80, 40, 60]
[20, 40, 80, 60]
[20, 40, 60, 80]
```

a=[90,50,20,10,80,40,70,60,30] の場合の実行結果

```
[10, 90, 50, 20, 30, 80, 40, 70, 60]
[10, 20, 90, 50, 30, 40, 80, 60, 70]
(中略)
[10, 20, 30, 40, 50, 60, 70, 80, 90]
```

例題 18.3（2分探索）

昇順に並んでいる配列について，探索範囲を半分に狭めることを繰り返すことで，探索値を絞り込んでいくアルゴリズムを**2分探索**といいます。

例として，[10,20,30,40,50,60,70,80] から 30 という値を探すことを考えます。

最初に配列の中央の左側 40 と比較すると，30 のほうが小さいので，40 の左側 [10,20,30] を探せばよいことが分かります。この配列 [10,20,30] の中央の左側が 10 で，30 のほうが大きいことから，10 の右側 [20,30] を探せばよいことが分かります。さらに中央の左側は 20 で，30 のほうが大きいため，[30] に絞られるので操作が終わります。

以上の操作は次のように記述できます。

```
a = [10,20,30,40,50,60,70,80]
value = 30

left = 0
right = len(a)-1
while left <= right:
  mid = (left + right) // 2
  if a[mid] == value:
    print('左から'+str(mid)+'番目')
    break
  elif a[mid] < value:
    left =  ア
  else:
    right =  イ
```

探索する区間が左から何番目から何番目までの値なのかを表す変数を left と right で定め，この探索区間が存在するかぎり，絞り込む操作を繰り返します。

空欄 ア と イ にあてはまる式を次の解答群から1つずつ選び，コードを完成させなさい。

⓪ mid-1　　① mid　　② mid+1

ア：②，イ：⓪

```
a = [10,20,30,40,50,60,70,80]
value = 30

left = 0
right = len(a)-1
while left <= right:
  mid = (left + right) // 2
  if a[mid] == value:
    print('左から'+str(mid)+'番目')
    break
  elif a[mid] < value:
    left = mid + 1
  else:
    right = mid - 1
```

左から2番目

　2分探索は，先頭から順に探索する（線形探索）よりも計算量が少なくて済むことが特徴となっています。

19 数値の近似値計算

平方根の計算

例題 19.1 （平方根の計算）

　自然数 n の平方根を整数，あるいは小数第 2 位まで求めるコードを順に作成していきます。

　まず，求める近似値を入れるための変数 kekka を用意し，0 を入れます。

(1) kekka の 2 乗の値が n を超えないかぎり，kekka の値を 1 ずつ増やしていきます。このことを利用して，自然数 n の平方根の整数部分を求める関数 sqrt1(n) を定義しなさい。

(2) (1) で求めた値を kekka に格納し，kekka の 2 乗の値が n を超えないかぎり，kekka の値を 0.1 ずつ増やしていきます。小数第 1 位が確定したら，同じように小数第 2 位の値を求めます。この手順で，自然数 n の平方根の小数第 2 位までを求める関数 sqrt2(n) を定義しなさい。

考え方

(1) 実際には 2 乗した値が n を超えたら，kekka の値を増やす操作を終わりにして，ひとつ前の kekka の値に戻すように指示することになります。

(2) for 文で増やす値を 1，0.1，0.01 に順に変えていくことが指定できるようにします。

円周率 π の近似値

円周率の定義は「円周の長さと直径の比の値」となっていますが，ここでは「円の面積と半径の比の値」と考えて求めることにします。

例題 19.2（円周率 π の計算）

n を自然数とする。図のように xy 平面の原点を中心とする半径 n の四分円（x, y 座標が正の領域）の内部に 1 辺の長さが 1 の正方形を，円からはみ出ないように敷き詰めていくことを考えます。

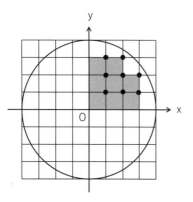

これらの正方形の面積の和は，各正方形の右上の頂点の個数に一致することに注目します。この四分円の内部にある，座標がいずれも整数である点（格子点）の数を数えることで，「四分円の面積の近似値」を考えることにします。

そして，円の面積を（半径の 2 乗）で割ると円周率に等しくなることに注目して，「四分円の面積の近似値」の 4 倍を（半径の 2 乗）で割った値を求める関数 pi(n) で定義します。

pi(n) の n を具体的に変えることで，円周率 π の近似値を求めなさい（n を 1000，10000 くらいにすると，実際の面積との誤差が少なくなり，円周率に近づきます）。

考え方 x, y についての 2 重 for 文で，原点からの距離が n 以下である (x, y) の個数（変数を count）を調べ，算出した count を 4 倍して n^2 で割った値が求める近似値となります。

このように面積を近似的に求めていく手法が高校数学の「積分法」につながります。

(1)

```
def sqrt1(n):
  kekka = 0
  while kekka ** 2 <= n:
    kekka = kekka +1
  return kekka -1

print(sqrt1(10))
print(sqrt1(100))
```

```
3
10
```

```
def sqrt1(n):
  kekka = 0
  while True:
    if kekka ** 2 >n:
      break
    kekka = kekka +1
  return kekka-1
```

(2)

```
def sqrt2(n):
  kekka = 0
  for i in range(0,3):
    while kekka**2 <= n:
      kekka = kekka + 0.1**i
    kekka = kekka - 0.1**i
  return kekka

print(sqrt2(2))
print(sqrt2(5))
print(sqrt2(36))
```

```
1.4100000000000004
2.2299999999999995
6.0
```

```
def pi(n):
  count = 0
  for x in range(1,n):
    for y in range(1,n):
      if x**2+y**2 <= n**2:
        count = count+1
  return (4*count) / (n**2)

print(pi(1000))
print(pi(10000))
```

```
3.137548
3.14119052
```

n=1000 の計算は約 1 秒ですが，n=10000 の計算は 100 倍になり，約 100 秒かかります。

グラフの描画法と乱数の利用・各種シミュレーション

Python では，Numpy，Pandas，Matplotlib といった，便利な関数が用意されている標準ライブラリといわれるものが数多くあり，統計処理や機械学習（AI）など様々な応用が可能となっています。

ここでは，グラフの描画法と乱数の扱いについて紹介し，数学や物理の授業で登場するシミュレーション，簡単な移動の様子を表すアニメーションを紹介します。

基本編1（Matplotlib によるグラフの描画）

標準ライブラリのうちの Matplotlib（マットプロットリブ）を読み込んで，放物線 $y = x^2$ のグラフを例にグラフを描画する方法を紹介します。

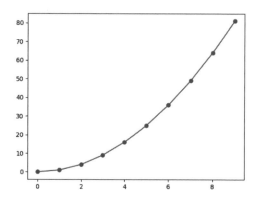

```
import matplotlib.pyplot as plt    # ①
x=[]                               # ②
y=[]

for i in range(0,10):              # ③
  x.append(i)
  y.append(i**2)

plt.scatter(x,y,color='green')     # ④
plt.plot(x,y)                      # ⑤
plt.show()                         # ⑥
```

① まず，matplotlib のなかの pyplot という基本的なグラフを描画するためのツールを含んだ

ライブラリを読み込み（import），それに含まれる関数を用いるときのために，matplotlib
の略称として「plt」と記しておきます。

② 次に，$y = x^2$ のグラフをいくつかの点を結んだものとして表現するために，x 座標，y 座標
をそれぞれ入れるための配列 x，y を用意します（とりあえず空にします）。

③ 配列 x には 0 から 10 までの公差 1 の等差数列を定義し，配列 y は x^2 に相当する値を順に
格納します。

④ 散布図としてこれら 9 個の点 (x[i],y[i]) を描画します（plt.scatter という関数（正確
にはメソッド）を利用します）。デフォルトでは色が青なので，緑に変更しておきます。

⑤ 今度は 10 個の点を結んだ折れ線グラフ（plt.plot という関数）を描きます。デフォルト
の色である青で表示されます（④だけだと 10 個の点しか表示されません）。

⑥ 実はなくてもグラフは表示されますが，結果の表示として原則明記します。

x，y 軸の目盛り幅など，いろいろ調整はできますが，ここでは省略します。

基本編 2（random による乱数の出力）

プログラミングの応用面でよく用いる乱数も，random というライブラリにある関数を読み込
んで用います。ここでは整数値を与える乱数を得る方法を説明します。

まず 1 〜 6 の値をランダムで 10 個出力させてみます（サイコロを 10 回投げることに相当）。

```
import random                    # ①

xlist=[]                         # ②
for j in range(1,11):            # ③
  xlist.append(random.randint(1,6))
print(xlist)
```

```
[4, 6, 5, 2, 6, 3, 6, 1, 1, 1]
```

① random という標準ライブラリを読み込みます。

② 乱数を入れる空の配列 xlist を用意します。

③ random のうちの **a 以上 b 以下**の整数値をランダムで出力する関数 random.randint(a,b) で，
1 〜 6 の 10 個の値を出力させ，xlist に追加します。

10 個投げただけだと偏りがある疑いがあるので，「10 個投げる操作」を 10 回繰り返してみ
ると，次のような結果が得られます。

```
import random

for i in range(1,11):
  xlist=[]
  for j in range(1,11):
    xlist.append(random.randint(1,6))
  print(xlist)
```

```
[1, 1, 1, 1, 3, 4, 6, 3, 5, 3]
(中略)
[1, 3, 3, 2, 5, 4, 1, 6, 6, 4]
```

発展編 1（2 枚のコイン投げの実験）

例題 20.1 （2 枚のコイン投げ）

　2 枚のコイン x, y を投げて，表が出るとき 1，裏が出るとき 0 として，そのコイン x, y の表と裏の結果を配列 kekka に，さらに変数 count に「2 枚とも表が出る回数」を記録できるようにします。コインを 2 枚投げる操作を 10 回繰り返すときのコードは次のようになります。

```
import random
kekka = []
sousa = 0
count = 0
while sousa <= 9:
  sousa = | ア |
  x = | イ |
  y = | ウ |
  kekka.append([x,y])
  if | エ | :
    count = | オ |
print(kekka)
print(count)
```

空欄 | ア | ～ | オ | にあてはまる式を答えよ。

ア：sousa + 1, イ：random.randint(0,1), ウ：random.randint(0,1), エ：x == 1 and y == 1,
オ：count + 1

```
import random

kekka = []
sousa = 0
count = 0
while sousa <= 9:
  sousa = sousa+1
  x = random.randint(0,1)
  y = random.randint(0,1)
  kekka.append([x,y])
  if x == 1 and y == 1:
    count = count +1
print(kekka)
print(count)
```

```
[[0, 0], [1, 0], [1, 0], [1, 1], [1, 1], [1, 0], [1, 0], [0, 0], [0, 0], [1, 1]]
3
```

　数学で 2 回とも表が出る確率は 1/4 であることを学びますが，そのことを複数回の実験を行うことで確認してみましょう（数学 B の 2 項分布・正規分布の学習で詳しく学びます）。
　「2 枚のコインを投げることを 100 回行い，2 回とも表が出る回数を記録する」実験を 100 回行います。matplotlib.pyplot にある，度数分布をヒストグラムで出力する plt.hist 関数を用います。「階級（横軸の目盛り）」は各回数で設定（bins は階級の数の設定で，ここでは配列 count で登場する数値の最小値～最大値の範囲にある整数の個数を指定）します。

```
import matplotlib.pyplot as plt
import random

count = []              # 「2枚とも表」の回数を入れる
jikken = 0
while jikken <= 99:     # 「2枚のコインを100回投げる実験」を100回（9999にもしてみよう）
  omote = 0             # 各実験で「2枚とも表」の回数を入れる
  jikken = jikken +1
  nage = 0
  while nage <= 99:     # 2枚のコインを100回投げる
    nage = nage+1
    x=random.randint(0,1)
    y=random.randint(0,1)
    if x == 1 and y == 1:
```

```
        omote = omote +1
    count.append(omote)    # whileの頭の位置に合わせる
print(count)
plt.hist(count,bins=max(count)-min(count)+1)
plt.show()  # 25 (100の1/4) の周辺に分布。実験回数が多い (1万回以上) と正規分布に近づく。
```

[18, 26, 30, 27, 22, 24, 28, 27, 24, 18, 25, 21, 26, 20, 27, 20, 25, 29, 26, 25,

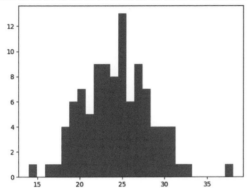

発展編2（物体の落下のシミュレーション）

例題20.2（自由落下運動）

　高さ x が 10 m の位置から，初速度 0 [m/s] で物体を落下させます。重力加速度は G = 9.8 [m/s^2] である（物体の落下する速度は 1 秒あたり 9.8 [m/s] 変化することを意味する）とします。物体の落下速度は連続的に変化しますが，ここでは時間幅を h = 0.01 [s] と設定して，0.01 秒ごとに変化させることで近似します。つまり，h 秒ごとに落下速度は Gh [m/s] だけ早くなることを意味します。

　落下の開始時刻を t = 0 秒とし，0.01 秒ごとに時刻 t [s]，落下速度 v [m/s]，物体の高さ x [m] を測定して，特に時刻 t と物体の高さ x はそれぞれ配列 tlist.xlist に追加し，あとで横軸が t，縦軸が x のグラフを描画することにします。

　次のコードの空欄 　ア　 ～ 　キ　 にあてはまる式を答え，コードを完成させてグラフを描出せよ。

```
import matplotlib.pyplot as plt

G = 9.8
t = 0.0        #開始時刻
h = 0.01       #時刻の間隔
v = 0.0        #初速度
x = 10.0       #初期高度
```

```
print(t,v,x)
tlist = [t]
xlist = [x]

while x >= 0:
    t =  ア
    v =  イ
    x =  ウ
    print(t,v,x)
     エ  .append(  オ  )
     カ  .append(  キ  )

plt.plot(tlist,xlist)
plt.xlabel('t')
plt.ylabel('x')
plt.show()
```

例題 20.2 の出力結果

```
0.0 0.0 10.0
0.01 0.098 9.99902
0.02 0.196 9.99706
(中略)
1.420000000000001 13.916000000000038 0.05005999999999311
1.430000000000001 14.014000000000038 -0.09008000000000727
```

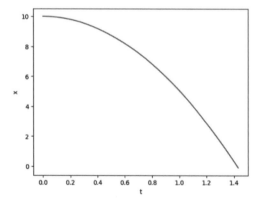

例題 20.2 の解答（コードの詳細は略）

　　ア：t+h，イ：v+G*h，ウ：x+v*h，エ：tlist，オ：t，カ：xlist，キ：x
（エ，オとカ，キは交換可）

発展編 3（点の移動のアニメーション）

　matplotlib の散布図とした描いたグラフを，複数枚一定の時間間隔でアニメーションで出力することもできます。この技法により，点が移動していく様子を動画で出力することができます。

　「直線 y=x 上を原点から (1,1),(2,2)・・・(10,10) まで移動していく様子を出力」させる方法を例にとり，説明します。（最初と最後 3 行のアニメーションのコードの詳細の説明は省略します。このまま記述するようにしてください。）

```python
import matplotlib.pyplot as plt
from matplotlib import animation,rc
from IPython.display import HTML


list_plot=[]                        #各時刻の点の位置を表す散布図を入れる配列
fig=plt.figure(figsize=(5,5))  #図を表示する環境と大きさの設定


x=0                                #初期値の設定
y=0
t=0
img=plt.scatter(x,y)
list_plot.append([img])

while t<=9:
  x = x+1
  y = y+1
  img=plt.scatter(x,y)
  list_plot.append([img])
  t=t+1


plt.grid() #grid線の表示　下のinterval[ms]は次の散布図へ移る速さを設定
anim=animation.ArtistAnimation(fig,list_plot,interval=400)
rc('animation',html='jshtml')
plt.close()
anim
```

　まず各時刻の点の位置を表す散布図 (グラフ) を入れるための配列 list_plot を用意し，出力部分のグラフ環境とその大きさを plt.figure で決めておきます（ここも詳細は省略します）。

　次に，初期値の設定をします。位置は最初原点なので，x，y 座標を表す変数 x，y に 0，そして時刻 t を定義して 0 を入れます。とりあえずこの時刻 t の点の状態を散布図で描き，list_plot に追加します。

　その後，時刻が 1 経過するごとに，点が x，y 座標とも 1 移動する点に移るように記述し，点の状態を散布図で描いては list_plot に追加します。

最後の 5 行には，list_plot に格納された散布図を，設定した fig 環境において，400 ミリ秒
ごとに表示する内容が書かれています。

　実行すると，下のような画面が出力され，再生ボタンを押すと点が移動していく様子が確認
できます。

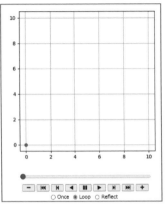 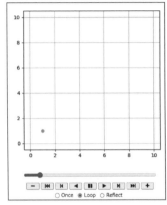 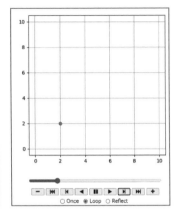

例題 20.3（点の移動のアニメーション）

　次図のように，左下の点 A から出発して右に 4 回移動したあと，上の行の左端の点に
移って，右に 4 回移動することを繰りかえします。一番右上の点 B に到着したら，出発
点の左端の点 A に戻り，もう一度右上の点 B まで移動します。

　このように点が移動する様子を表すコードを，前ページの while 文の中身を書き換え
て作成しなさい。

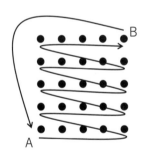

考え方　点 A を原点，横方向 x 軸，縦方向 y 軸とする座標を設定し，x, y と時刻 t を変数とし
て設定します。時刻が 5 の倍数のときに，y の値が 1 増え，さらに 25 の倍数のとき，原点 A
に戻るように設定します。

```
while t<=50:
  if t % 25 == 0:
    x = 0
    y = 0
  elif t % 5 == 0:
    x = 0
    y = y + 1
  else:
    x = x + 1
  img=plt.scatter(x,y)
  list_plot.append([img])
  t = t+1
```

別解

```
while t<=50:
  t = t + 1
  x = t % 5
  y = (t % 25) // 5
  img=plt.scatter(x,y)
  list_plot.append([img])
  t = t+1
```

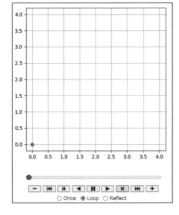 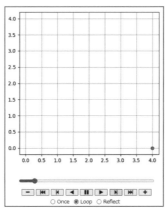 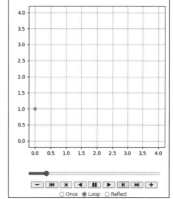

ゲームの作成

ここでは，これまで学んだ手法で作ることが可能なゲームを 2 つほど紹介します。いずれも，過去の大学入試センター試験・大学入学共通テストで取り上げられている題材です。

例題 21.1（あみだくじ）

まず，図 1 のようにあみだくじを表示するプログラムを作ります。ここでは，「けいせん」とタイプして表示される「├」「┤」「│」の 3 種類の文字を用いて表します。また，横線が引かれているのが各行で必ず 1 か所になるようにします。

```
├ │ │ │
│ │ ├ ┤
│ ├ ┤ │
```

図 1

横線が引かれている位置を指定する配列 irekaeichi を用意し，まず一番上の行（0 行目とする）は一番左の縦線（0 列目とする）と 2 番目の縦線（1 列目）に横線が引かれているので，irekaeichi[0]=0 とします。上から 2 つ目の行（1 行目とする）は左から 3 番目（2 列目とする）と 4 番目の縦線（3 列目）に横線が引かれているので，irekaeichi[1]=2 とします。

すると図 1 のとき，irekaeichi は [0,2,1] で表されることがわかります。

まず横線がなく（irekaeichi=[0,0,0]），縦線が 5 本のときは，図 2 のようなコードで表示できます。ここで変数 ptr（pointer: ポインタ）は各行の左から何列目に注目しているのかを表す変数とします。

```python
for i in range(0,len(irekaeichi)):   # 各行を見る
  ptr = 0                            # 各行を前から順に確認
  while ptr <=  ア  :
    print('│',end='')                # 改行しないで表示
    ptr = ptr + 1
  print('')                          # 改行
```

```
│ │ │ │ │
│ │ │ │ │
│ │ │ │ │
```

図 2　横線がない場合にあみだくじを表示するコード

次に，横線がある場合は次のようになります。

```
irekaeichi = [0,2,1]
for i in range(0,len(irekaeichi)):   # 各行を見る
  ptr = 0                            # 各行を前から順に確認
  while ptr <=  ア  :
    if  イ  :
      print('│',end='')        # 「┤」「├」「│」が同じ文字幅であることを利用
      ptr = ptr + 1
    else:
      print('├',end='')
      print('┤',end='')
      ptr = ptr +  ウ
  print('')
```

```
┤ │ │ │
│ │ ┤ │
│ ┤ │ │
```

図3　あみだくじを表示するコード

問1

　空欄 ア と ウ にあてはまる数をそれぞれ答えなさい。また， イ にあてはまる式を，次の解答群から一つ選びなさい。

イ の解答群

⓪ ptr == irekaeichi[i]　　① ptr != irekaeichi[i]

② ptr < irekaeichi[i]　　③ ptr > irekaeichi[i]

　次に，図1のあみだくじの5本の縦線の上部に1，2，3，4，5の数を書いておき，あみだくじに従って数字を入れ替えた結果の1，4，2，3，5を表示させるコード（図4）を考えます。

[1, 2, 3, 4, 5]

```
┤ │ │ │
│ │ ┤ │
│ ┤ │ │
```

[2, 4, 1, 3, 5]

　この5つの数字は配列 seq（sequence: 数列）を用意して seq=[1,2,3,4,5] とします。

```
seq = [1,2,3,4,5]
irekaeichi = [0,2,1]
for i in range(0, | エ |):
  temp = seq[ | オ | ]
  seq[ | オ | ] = seq[ | カ | ]
  seq[ | カ | ] = temp
print(seq)
```

```
[2, 4, 1, 3, 5]
```

図4　あみだくじで数字の列を入れ替えるコード

問2

　空欄 | エ | ～ | カ | にあてはまる式を，次の解答群からそれぞれ一つずつ選びなさい。

| エ | の解答群

　　⓪ len(irekaeichi)　　① len(irekaeichi)-1　　② len(irekaeichi)+1

　　③ len(seq)　　④ len(seq)-1　　⑤ len(seq)+1

| オ | ・| カ | の解答群

　　⓪ irekaeichi[i]　　① irekaeichi[i-1]　　② irekaeichi[i+1]

　　③ irekaeichi[i]-1　　④ irekaeichi[i]+1

　最後に，図3と図4で作成したコードをそれぞれ関数として書き換えます。図3は関数 amidakuji，図4は関数 irekae としてそれぞれ次のように定義します。

```
def amidakuji(seq,irekaeichi):
  for i in range(0,len(irekaeichi)):
    ptr = 0                       # 各行を前から順に確認
    while ptr <= | キ | :
      if | イ | :
        print(' | ',end='')
        ptr = ptr + 1
      else:
        print(' ├',end='')
        print(' ┤ ',end='')
        ptr = ptr + | ウ |
    print('')

def irekae(seq,irekaeichi):
```

```
    for i in range(0,  エ  ):
        temp = seq[  オ  ]
        seq[  オ  ] = seq[  カ  ]
        seq[  カ  ] = temp
    return seq
```

図5　あみだくじで数字の列 seq を入れ替えて結果を表示する関数のコード

問3

　2つの配列 x=[0,1,2,3]，y=[0,1,2,3,4] のいずれかを seq，他方を irekaeichi に対応させて，あみだくじとして正しく表示できるようにします。

```
(00)x = [0,1,2,3]
(01)y = [0,1,2,3,4]
(02)print(  ク  )
(03)  ケ
(04)print(  コ  )
```

　このとき，空欄 キ ～ コ にあてはまる式をあとの解答群から1つずつ選びなさい。ただし，あみだくじは (03) 行目により表示し，入れ替え前の数字の列は (02) 行目，入れ替え後は (04) 行目で表示するものとします。

　キ の解答群

　　⓪ len(irekaeichi)　　① len(irekaeichi)-1　　② len(irekaeichi)+1

　　③ len(seq)　　④ len(seq)-1　　⑤ len(seq)+1

　ク ～ コ の解答群

　　⓪ x　　① y　　② amidakuji(x,y)　　③ amidakuji(y,x)

　　④ irekae(x,y)　　⑤ irekae(y,x)

　図1のような5×5のマス目で作られた空間を考え，その中に●で示されたある生命が存在し，世代を通じて，誕生と消滅を繰り返すものとします。各マスには高々1つの生命のみが存在できるものとし，次の規則によって，世代交代が行われるものとします。

誕生　生命が存在していないマスについて，そのマスと辺または頂点が接している8つのマス（以下「隣接する」と呼ぶ）のうち3つのマスに生命が存在するとき，次の世代ではそのマスに新たな生命が誕生する（図2）。

生存　生命が存在しているマスについて，そのマスと隣接する8つのマスのうち2つまたは3つのマスに生命が存在するとき，次の世代でもそのマスの生命は生存する。

消滅　生命が存在しているマスについて，そのマスと隣接する8つのマスのうち1つ以下または4つ以上のマスに生命が存在するとき，次の世代ではそのマスの生命は消滅する。

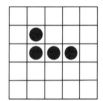 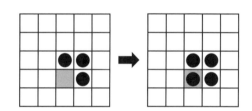

図1　生命の配置　　　　　　　　　　**図2　生命の誕生**

　例えば，ある世代の生命の配置が図1のとき，各マスに隣接する8つのマスの生命体の数を表にすると，図3のようになり，次の世代の生命の配置は図4のようになります。

1	1	1	0	0
2	2	4	2	1
2	2	3	1	1
1	2	3	2	1
0	0	0	0	0

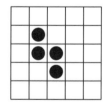

図3　隣接するマスの生命の数（網がけのマスに生命が存在）　　**図4　次世代の生命の配置**

　この5×5の空間について，その次の世代の生命の配置を求めるコードを作成します。まず図1のような，ある空間の生命の配置（存在する場合は1，しない場合は0）を表す配列 Life と，その空間の各マスに隣接するマスに存在する生命の数を表す配列 Nh（Neighborhood の意）を用意します。

計算の都合上，5×5のマスの上下に1行ずつ，左右に1列ずつ追加して，7×7の
サイズの2次元配列として配列 Life と Nh を定義することにします。例えば，図1と図
3に対応する配列 Life と Nh は図5のようになります。ここで追加した部分のマスには
生命が存在することはないものとし，Life[x][y] は上から x 行目，左から y 列目（0 ≦
x ≦ 6，0 ≦ y ≦ 6）の生命の有無を表します。

```
Life = [[0,0,0,0,0,0,0],
        [0,0,0,0,0,0,0],
        [0,0,1,0,0,0,0],
        [0,0,1,1,1,0,0],
        [0,0,0,0,0,0,0],
        [0,0,0,0,0,0,0],
        [0,0,0,0,0,0,0]]
Nh   = [[0,0,0,0,0,0,0],
        [0,1,1,1,0,0,0],
        [0,2,2,4,2,1,0],
        [0,2,2,3,1,1,0],
        [0,1,2,3,2,1,0],
        [0,0,0,0,0,0,0],
        [0,0,0,0,0,0,0]]
```

図5　図1に対応する配列 Life と Nh

　次に，配列 Life から配列 Nh を作るための関数 count を作ります。Life[x][y] に対
応するマスを (x,y) で表すとき，(x,y) に隣接する8つのマスとの位置関係を表す配列 dx,
dy を図6のように定義します。図7のように (x,y) のマスに隣接するマスに番号をつけ
るとき，i 番目のマス（i = 0, 1, …, 7）は (x+dx[i], y+dy[i]) で表せることがわかります。

```
dx = [-1,-1,-1,0,0,1,1,1]
dy = [-1,0,1,-1,1,-1,0,1]
```

図6　配列 dx, dy

図7

　Nh の各要素は，各マス (x,y) の周囲8マス (x+dx[i], y+dy[i]) での Life の値の和をと
れば得られることがわかります。したがって，関数 count の定義は図8のようになり
ます。

```
def count(Life):
  Nh = [[0,0,0,0,0,0,0],
        [0,0,0,0,0,0,0],
        [0,0,0,0,0,0,0],
        [0,0,0,0,0,0,0],
        [0,0,0,0,0,0,0],
        [0,0,0,0,0,0,0],
        [0,0,0,0,0,0,0]]
  for x in range(1,6):
    for y in range(1,6):
      for i in range(0,  ア  ):
        Nh[x][y] = Nh[x][y] +  イ
  return Nh
```

図8　関数 count の定義

また，ある世代の生命の配置 Life からその次の配置を求める関数 next は次のように
なります。

```
def next(Life):
  Nh = count(Life)
  for x in range(1,6):
    for y in range(1,6):
      if Nh[x][y] ==  ウ  :
        Life[x][y] =  エ
      elif Nh[x][y] <= 1 or Nh[x][y] >= 4:
        Life[x][y] =  オ
  return Life
```

図9　関数 next の定義

図1の生命の配置 life から，1世代後から3世代後の生命の配置は次のように求めま
す。ここで print(*A,sep='\n') は，2次元配列 A を行ごとに改行して表示するコード
を表します。

```
life = [[0,0,0,0,0,0,0],
        [0,0,0,0,0,0,0],
        [0,0,1,0,0,0,0],
        [0,0,1,1,1,0,0],
        [0,0,0,0,0,0,0],
        [0,0,0,0,0,0,0],
        [0,0,0,0,0,0,0]]

for i in range(1,4):
    life = [ カ ]             # 現世代の生命の配置から次世代へ更新
    print(str(i)+'世代後')     # 1世代後，2世代後，3世代後のラベル
    print(*life,sep='\n')      # 2次元配列をprint文で出力する工夫
    print('')                  # 改行
```

```
1世代後
[0, 0, 0, 0, 0, 0, 0]
[0, 0, 0, 0, 0, 0, 0]
[0, 0, 1, 0, 0, 0, 0]
[0, 0, 1, 1, 0, 0, 0]
[0, 0, 0, 1, 0, 0, 0]
[0, 0, 0, 0, 0, 0, 0]
[0, 0, 0, 0, 0, 0, 0]
(以下略)
```

図10　1世代後から3世代後までの生命の配置を求める

問題

空欄　　ア　　～　　カ　　にあてはまる数や式をそれぞれ答えなさい。

問1　ア:4,　イ:①,　ウ:2

```
irekaeichi = [0,2,1]
for i in range(0,len(irekaeichi)):    # 各行を見る
  ptr = 0                             # 各行を前から順に確認
  while ptr <= 4:
    if irekaeichi[i] != ptr:
      print('│',end='')
      ptr = ptr + 1                   #「┤」「├」「│」が同じ文字幅であることを利用
    else:
      print('├',end='')
      print('┤',end='')
      ptr = ptr + 2
  print('')
```

```
┤│││
││┤│
│├││
```

　縦線の数は 5 本ですが, ptr の初期値が 0 であることから, ptr は左の縦線から順に 0, 1, 2, 3, 4 と対応していることがわかります。したがって　ア　は 4 が入ります。irekaeichi[i] が示す位置に ptr が来たときだけ横線が入るので,　イ　はそれ以外の場合という意味になります。3 種類の文字 │・├・┤ が同じ幅であることから,　┤ は 2 文字分の幅をとるため, 横線を引いたあとは ptr を 2 つずらすことになります。

問2　エ:⓪,　オ:⓪,　カ:④　(オとカは逆でもよい)

```
seq = [1,2,3,4,5]
irekaeichi = [0,2,1]
for i in range(0,len(irekaeichi)):
  temp = seq[irekaeichi[i]]
  seq[irekaeichi[i]] = seq[irekaeichi[i]+1]
  seq[irekaeichi[i]+1] = temp
print(seq)
```

```
[1, 4, 3, 2, 5]
```

　例題 10.3 の考え方です。入れ替えの回数は横線の数だけあるので,　エ　は irekaeichi の要素数がふさわしいです。irekaeichi[i+1] と irekaeichi[i]+1 の意味の違いに注意しましょう。irekaeichi[i+1] だと最後の i の値のときに, はみ出てしまいます。

問3 キ：④, ク：①, ケ：③, コ：⑤

```
def amidakuji(seq,irekaeichi):
  for i in range(0,len(irekaeichi)):
    ptr = 0                              # 各行を前から順に確認
    while ptr <= len(seq)-1:
      (中略)

def irekae(seq,irekaeichi):
  for i in range(0,len(irekaeichi)):
    (中略)
  return seq
```

ptr の数は，数字の列つまり配列 seq の要素数だけあります。ただし ptr は 0 始まりであるので，0 〜 len(seq)-1 までの値を ptr に入れることになります。

```
(00)x = [0,1,2,3]
(01)y = [0,1,2,3,4]
(02)print(y)
(03)amidakuji(y,x)
(04)print(irekae(y,x))
```

```
[0, 1, 2, 3, 4]
Η Ι Ι Ι
Ι Η Ι Ι
Ι Ι Η Ι
Ι Ι Ι Η
[1, 2, 3, 4, 0]
```

x が seq で y が irekaeichi の場合，縦線が 4 本であるので，irekaeichi の 4 を指定すると横線があみだくじからはみ出ることになります。したがって y が seq で y が irekaeichi に対応することがわかります。

ア：8, イ：Life[x+dx[i]][y+dy[i]], ウ：3, エ：1, オ：0, カ：next(life)

```
dx = [-1,-1,-1,0,0,1,1,1]
dy = [-1,0,1,-1,1,-1,0,1]

def count(Life):
  Nh = [[0,0,0,0,0,0,0,0],
        [0,0,0,0,0,0,0,0],
        [0,0,0,0,0,0,0,0],
        [0,0,0,0,0,0,0,0],
        [0,0,0,0,0,0,0,0],
        [0,0,0,0,0,0,0,0],
        [0,0,0,0,0,0,0,0]]
  for x in range(1,6):
    for y in range(1,6):
      for i in range(0,8):
        Nh[x][y] = Nh[x][y] + Life[x+dx[i]][y+dy[i]]
  return Nh

life = [[0,0,0,0,0,0,0,0],
        [0,0,0,0,0,0,0,0],
        [0,0,1,0,0,0,0,0],
        [0,0,1,1,1,0,0,0],
        [0,0,0,0,0,0,0,0],
        [0,0,0,0,0,0,0,0],
        [0,0,0,0,0,0,0,0]]
print(*count(life),sep='\n')
```

```
[0, 0, 0, 0, 0, 0, 0]
[0, 1, 1, 1, 0, 0, 0]
[0, 2, 2, 4, 2, 1, 0]
[0, 2, 2, 3, 1, 1, 0]
[0, 1, 2, 3, 2, 1, 0]
[0, 0, 0, 0, 0, 0, 0]
[0, 0, 0, 0, 0, 0, 0]
```

配列 dx，dy については，例題 10.7，15.5 の考え方と同じです。

```python
def next(Life):
  Nh = count(Life)
  for x in range(1,6):
    for y in range(1,6):
      if Nh[x][y] == 3:
        Life[x][y] = 1
      elif Nh[x][y] <= 1 or Nh[x][y] >= 4:
        Life[x][y] = 0
  return Life

life = [[0,0,0,0,0,0,0],
        [0,0,0,0,0,0,0],
        [0,0,1,0,0,0,0],
        [0,0,1,1,1,0,0],
        [0,0,0,0,0,0,0],
        [0,0,0,0,0,0,0],
        [0,0,0,0,0,0,0]]

for i in range(1,4):
  life = next(life)
  print(str(i)+'世代後')
  print(*life,sep='\n')
  print('')
```

```
1世代後
[0, 0, 0, 0, 0, 0, 0]
[0, 0, 0, 0, 0, 0, 0]
[0, 0, 1, 0, 0, 0, 0]
[0, 0, 1, 1, 0, 0, 0]
[0, 0, 0, 1, 0, 0, 0]
[0, 0, 0, 0, 0, 0, 0]
[0, 0, 0, 0, 0, 0, 0]
(以下略)
```

　　カ　　は現世代の life のデータを next 関数に代入して，次世代に更新して再び変数 life に格納します。関数を定義するときに用いた Life と具体的場合としての life を区別していることに注意します。

付　録

演習問題の解答例

■ **演習問題 7.1 の解答例**

「x>3」 and 「x<7」 は x = 4，5，6 で成立する，3 < x < 7 を表す。

「x>3」or「x<7」 にすると，どちらか一方満たしていればよいので，**任意の数で True** となってしまいます。

■ **演習問題 8.1 の解答例**

```
a = 7
if a % 3 == 0:
  print('aは3の倍数')    # print(str(a)+'は3の倍数')でも可
elif a % 3 == 1:
  print('aは3で割ると1余る')
else:
  print('aは3で割ると2余る')
```

```
7は3で割ると1余る
```

慣れないうちは str(a) ではなく「a は 3 の倍数 '」で十分です。str(a) で int 型である a を文字列型に直して連結できるようにしています（§5「文字と文字列」参照）。

■ **演習問題 8.2 の解答例**

```
a = int(input('正の整数を入力せよ'))
b = int(input('正の整数を入力せよ'))

if a > b :
  print('A君の勝ち')
elif a == b:
  print('引き分け')
else :
  print('B君の勝ち')
```

```
正の整数を入力せよ10
正の整数を入力せよ20
B君の勝ち
```

input 文の入力値は str 型であることに注意。int() で整数型（int 型）に直して，値の大小比較ができるようにする必要があります。

演習問題 **9.1** の解答例

```
kaijyo = 1
for i in range(1,7):
  kaijyo = kaijyo * i
print(kaijyo)
```

```
720
```

```
kaijyo = 1
for i in range(1,7):
  kaijyo = kaijyo * i
  print(kaijyo,end=',')
```

```
1,2,6,24,120,720
```

kaijyo の初期値は 1 です。0 にすると何度かけても 0 のままです。

print 文を行頭にすると for 文のループ対象からはずれ，最終結果のみ表示されるのに対し，for 文内の「kaijyo=」に print 文の行頭を合わせると，kaijyo の値の更新とともに，途中経過がすべて表示されることを復習しておきましょう。

演習問題 **9.2** の解答例

```
kisuunowa = 0
for i in range(1,11):              #range(0,10)にすると次の行は(2*i+1)
  kisuunowa = kisuunowa + (2*i-1)
  print(kisuunowa,end=',')
```

```
1,4,9,16,25,36,49,64,81,100
```

```
heihousuunowa = 0
for x in range(1,11):
  heihousuunowa = heihousuunowa + x**2   # += x**2 と書くこともできます。
  print(heihousuunowa,end=',')
```

```
1,5,14,30,55,91,140,204,285,385
```

　奇数を 2*i-1 と 2*i+1 のどちらで表すかによって，i の値の範囲は変わります。また数学の表記「2i － 1」にしないように注意しましょう。慣れてきたら，値の更新の省略表記 i+=1（i=i+1 の意味）も使えるようにすると，コードを打つのが楽になります。

■ 演習問題 **9.3** の解答例

```
a = [10,20,30,40,50]
souwa = 0
for i in range(0,5):
  souwa = souwa + a[i]
print(souwa)
heikin = souwa / 5
print(heikin)
```

```
150
30.0
```

　souwa = souwa +a[0]，souwa = souwa + a[1] を一般化すると，souwa = souwa + a[i] と表せます。i は 0 ～ 4 の範囲をとるので，range(0,5) となります。平均値は小数になる可能性があるので，「/」を使います。

（慣れてきた人向けの解答例）

```
a = [10,20,30,40,50]
souwa = 0
for i in range(0,len(a)):
  souwa = souwa + a[i]
print(souwa)
heikin = souwa / len(a)
print('合計点は'+str(souwa)+'で，平均点は'+str(heikin)+'です。')
```

```
150
合計点は150で，平均点は30.0です。
```

まず，要素数が増えた場合の対処として，要素数を取り出す関数 len(a)（length）を用います。

　そして，答えの表記に文字の連結を使いますが，souwa と heikin は int 型なので，str() 関数で文字列（str 型）に変換してから，連結することに注意します。ここでは str(souwa) は '150'，str(heikin) は '30.0' とそれぞれ文字列に置き換えられています。

■ 演習問題 9.4 の解答例

```
a = [0,0,0,0,0]
for i in range(0,5):
  a[i] = i+1
print(a)
```

```
[1,2,3,4,5]
```

　配列 a の要素を a[i] で取り出して，値を代入していきます。

■ 演習問題 9.5 の解答例

左側のコード

```
a = 0
for i in range(0,5):
  a = a + 2*i +1
  print(a,end=' ')
```

```
1 4 9 16 25
```

- i=0 のとき，a = 0 + 2*0+1 =1 で，a は 1 に更新されます。
- i=1 のとき，a = 1 + 2*1+1 =4 で，a は 4 に更新されます。
- i=2 のとき，a = 4 + 2*2+1 =9 で，a は 9 に更新されます。
- i=3 のとき，a = 9 + 2*3+1 =16 で，a は 16 に更新されます。
- i=4 のとき，a = 16 + 2*4+1 =25 で，a は 25 に更新されます。

右側のコード

```
a = 0
for i in range(0,5):
  a = 2*a +1
  print(a,end=' ')
```

```
1 3 7 15 31
```

- i=0 のとき，a = 2*0+1 =1 で，a は 1 に更新されます。
- i=1 のとき，a = 2*1+1 =3 で，a は 3 に更新されます。
- i=2 のとき，a = 2*3+1 =7 で，a は 7 に更新されます。
- i=3 のとき，a = 2*7+1 =15 で，a は 15 に更新されます。
- i=4 のとき，a = 2*15+1 =31 で，a は 31 に更新されます。

■ 演習問題 **9.6** の解答例 ■

左側の出力

```
suuretsu = ''
for i in range(1,6):
  suuretsu = suuretsu + '1'
  print(suuretsu)
```

```
1
(中略)
11111
```

```
a = 0
for i in range(1,6):
  a = a*10 + 1
  print(a)
```

右側の出力

```
suuretsu = ''
for i in range(1,6):
  suuretsu = suuretsu + str(i)
  print(suuretsu)
```

```
1
(中略)
12345
```

```
a = 0
for i in range(1,6):
  a = a*10 + i
  print(a)
```

■ 演習問題 **10.1** の解答例

まず，a[0] のみの場合は次のように書けます。

```
a = [10,30,20,50,60,40]
saidai = 0
if a[0] > saidai:
  saidai = a[0]
print(saidai)
```

```
10
```

このあと，a[1]，a[2]，……の場合について考えるので，「if a[i] > saidai :」と一般化できます。

for 文を用いて書くと，下のようにできます。

```
a = [10,30,20,50,60,40]
saidai = 0
for i in range(0,6):
  if a[i] > saidai:
    saidai = a[i]
print(saidai)
```

```
60
```

最小値も，初期値を極力大きな値（ここでは 100）にすることに注意すれば，同様にできます。

```
a = [40,30,20,10,60,50]
saisyo = 100
for i in range(0,6):
  if a[i] < saisyo:
    saisyo = a[i]
```

```
print('最小値は'+str(saisyo)+'です。')
```

```
最小値は10です。
```

print 文の位置を変えると，次のように途中経過が表示されます（違いは例題 10.1 の解説を参照）。

さらに，ここでは要素数が 6 以外でも対応できるよう，len(a) を用いています。

```
for i in range(0,len(a)):
  if a[i] < saisyo:
    saisyo = a[i]
print('最小値は'+str(saisyo)+'です。')
```

```
1番目までの最大値は10です。
2番目までの最大値は30です。
（中略）
6番目までの最大値は60です。
```

```
for i in range(0,len(a)):
  if a[i] < saisyo:
    saisyo = a[i]
print('最小値は'+str(saisyo)+'です。')
```

```
1番目までの最大値は10です。
2番目までの最大値は30です。
4番目までの最大値は50です。
6番目までの最大値は60です。
```

■ 演習問題 **10.2** の解答例

（1）「i を 3 で割ると余りが 1」は，「i % 3 == 1」です。「等しい」は「==（ダブルイコール）」に注意しましょう。

```
count = 0
for i in range(1,101):
  if i % 3 == 1:
    count = count +1
print(count)
```

```
34
```

(2)「3でも7でも割り切れない」は，「3で割り切れない」かつ「7で割り切れない」と言い換えられます。

```
a = []
for i in range(1,21):
  if (i % 3 != 0) and (i % 7 != 0):
    a.append(i)
print(a)
```

```
[1, 2, 4, 5, 8, 10, 11, 13, 16, 17, 19, 20]
```

　配列を用意せずとも結果の表示のみであれば，条件を満たした段階でprint文を実行することでも実現できます。

```
for i in range(1,21):
  if (i % 3 > 0) and (i % 7 > 0):
    print(i,end=',')
```

■ 演習問題10.3の解答例

　「整数iの1の位が3」は，「iを10で割った余りが3」とかけます。次に，「iの10の位が3」はどうなるか。例えば35については35を10で割って，商が3（あまり5）となって条件を満たすことがわかります。そこで，まず「iを10で割ったときの商」を考え，これを10で割った余りが3であればよいことがわかります。

　100以下の数で考えた場合でも対応できるように，ここでは「iを10で割ったときの商を10で割ると，余りが3に等しい」と書いていますが，「(i//10) % 10 == 3」のかわりに「i // 10 == 3」としても問題ありません。

　この解答例では小さいほうから番号をつけて，条件を満たす値とともにその番号を出力するようにしています。

```
count = 0
for i in range(0,101):
  if (i % 10 == 3)or ((i //10)% 10 == 3):
    count = count + 1
    print(count,i)
```

```
1 3
2 13
(中略)
19 93
```

range の範囲に注意します。a[0] に a[1] (= 2) を, a[1] に a[2] (= 3) を, ……, a[7] に a[8] (= 9) を代入していくので, for 文の i は 0 〜 7 (0 以上 8 未満) であるとわかります。

```
a=[1,2,3,4,5,6,7,8,9]
temp = a[0]
for i in range(0,8):
  a[i] = a[i+1]
a[8] = temp
print(a)
```

```
[2, 3, 4, 5, 6, 7, 8, 9, 1]
```

まず a[0] と a[2] を, 次に a[2] と a[4] を, ……最後に a[6] と a[8] をと順に交換していきます。

```
a=[1,2,3,4,5,6,7,8,9]
for i in range(0,4):
  temp = a[2*i]
  a[2*i] = a[2*(i+1)]
  a[2*(i+1)] = temp
print(a)
```

```
[3, 2, 5, 4, 7, 6, 9, 8, 1]
```

1 を避けておき, 3, 5, 7, 9 を順に 2 つ前にずらし, 最後に 1 を戻します。

```
a=[1,2,3,4,5,6,7,8,9]
temp = a[0]
for i in range(0,4):
  a[2*i] = a[2*(i+1)]
a[8] = temp
print(a)
```

■ 演習問題 **10.6** の解答例1（temp を利用）

　最後の数を n2，その1つ前を n1 として，随時更新していくようにします。新しい数は n2 + n1 で表現でき，これが「新たな最後の数 n2」に代わります。しかし，これではもとの n2 の値が上書きされて消えてしまうので，temp に避けておき，新たな n1 としてもとの n2 を格納します。

　具体的に，n1=1，n2=2 のとき，temp に n2 を避けておきます。その次の数は n1+n2=3 となり，これが新たな最後の数 n2 となります。そのひとつ前の n1 は，もともと最後だった n2 になります。これは避けておいた temp から取り戻して，2となります。

```
n1 = 1
n2 = 1
print(n1,end=' ')
print(n2,end=' ')
for i in range(1,9):
  temp = n2
  n2 = n1 + n2
  n1 = temp
  print(n2,end=' ')
```

```
1 1 2 3 5 8 13 21 34 55
```

■ 演習問題 **10.6** の解答例2（配列 a の最後の値の表現 a[-1]，a[-2] を利用）

　最初に2数1，1を入れた配列 a を定義し，1つずつ順に値を追加するようにします。追加する値は，その時の配列の後ろ2つの値の和で，それらは a[-1]，a[-2] と表すことができました（§4参照）。この記法を用いると容易にコードを作成することができます。

```
a = [1,1]
for i in range(1,9):
  a.append(a[-1]+a[-2])
print(a)
```

■ 演習問題 **10.7** の解答例

　最初のコードでは，x が100通り，y が100通り，計10000通りの組について検証していることになります。計算量を減らすには，x の範囲が 100 // 3 = 33 まで，y の範囲が 100 // 7 = 14 までしかないことに注目します。さらに x のみの for 文にすることもできます。

```
for x in range(1,101):        # 101//3+1→100//3+1 101//7+1→100//7+1
  for y in range(1,101):      # 101//7+1にすると計算量が減ります。
    if 3*x+7*y == 100:
      print(x,y)
```

```
3 13
(中略)
31 1
```

```
for x in range(1,100//3+1):
  if (100-3*x) % 7 == 0:
    print(x,(100-3*x)//7)
```

■ 演習問題 **10.8** の解答例

```
count = 0
for x in range(0,11):
  for y in range(0,11):
    for z in range(0,11):
      if x+y+z <= 10:
        count = count + 1
print(count)
```

```
286
```

■ 演習問題 **10.9** の解答例

　x，y，z いずれも 0 〜 10 まで代入して，if 文で条件を満たすものだけ表示します。条件の内容をよく検討すれば，各 x について，y は x+1 〜 9 のみ調べればよく，さらに z は y+1 〜 9 を調べればよいとわかるので，コメントに示すように range を書き換えることで計算量を小さくできます。

```
count = 0                     # 以下のようにrangeを変えるとif文は不要になります
for x in range(0,11):         # range(1,10)
  for y in range(0,11):       # range(x+1,10)
    for z in range(0,11):     # range(y+1,10)
      if 0<x<y<z<10:
        print(x,y,z)
        count = count+1
print(count)
```

```
1 2 3
1 2 4
(中略)
84
```

■ **演習問題 10.10 の解答例** ■

i 秒後（i = 0 〜 20）の 10 の位は「i % 8 + 1」，1 の位は「i % 6」で表せることに注目します。

```
for i in range(0,21):
  print(10 * (i % 8 + 1)+(i % 6),end=' ')
```

```
10 21 32 (中略) 41 52
```

■ **演習問題 10.11 の解答例** ■

最初は x[5]=1，x[2]=2，次は x[-1]=3 としたいところを x[7]=3 とします。つまり本来は x[5], x[2], x[-1], x[-4], …すなわち x[8-3 * i] で表したいところを割り算の余りを利用して，x[(8 - 3 * i) % 8] に変えます。

```
x = [0,0,0,0,0,0,0,0]
for i in range(1,9):
  x[(8 - 3 * i) % 8] = i
  print(x)
```

```
[0, 0, 0, 0, 0, 1, 0, 0]
[0, 0, 2, 0, 0, 1, 0, 0]
[0, 0, 2, 0, 0, 1, 0, 3]
(中略)
[8, 5, 2, 7, 4, 1, 6, 3]
```

■ **演習問題 10.12 の解答例** ■

```
x = [0,0,0,0,0,0,0,0,0,0,0,0]
k = 0
dk = [3,-1]
for i in range(1,12):
  x[k] = i
  k = k + dk[(i-1) % 2]
print(x)
```

```
[1, 0, 3, 2, 5, 4, 7, 6, 9, 8, 11, 10]
```

■ 演習問題 **10.13** の解答例

　iの値が奇数のときは前から，偶数のときは後ろから入れていくことに注目します。

```
x = [0,0,0,0,0,0,0,0]
for i in range(1,9):
  if i % 2 == 1:
    x[i // 2] = i
  else:
    x[8 - (i // 2)] = i
print(x)
```

```
[1, 3, 5, 7, 8, 6, 4, 2]
```

■ 演習問題 **11.1** の解答例 1 （while True を用いる場合）

　一番小さい60を求める値aの初期値とし，120, 96, 60を割り切るまで，aの値を一つずつ減らしていくことを考えます。

```
a = 60
while True:
  if (120 % a == 0)and(96 % a == 0)and(60 % a == 0):
    break
  a = a - 1
print('最大公約数は'+str(a))
```

```
最大公約数は12
```

■ 演習問題 **11.1** の解答例 2 （while 文に直接条件を記述する場合）

　1を減らすのは，aが3数の公約数でない場合であることに注意します。「120, 96, 60のいずれかの約数でない」という条件を記述します。

```
a = 60
while (120 % a != 0)or (96 % a != 0)or(60 % a != 0):
  a = a - 1
print('最大公約数は'+str(a))
```

■ 演習問題 **11.1** の解答例 3（for 文を用いる方法）

for 文も if ～ break で強制的に繰り返しから抜けます。

```
a = 60
for i in range(0,60):
  if (120 % (a-i) == 0)and (96 % (a-i) == 0)and (60 % (a-i) == 0):
    break
print('最大公約数は'+str(a-i))
```

```
for i in reversed(range(1,61)):
  if (120 % i == 0)and (96 % i == 0)and (60 % i == 0):
    break
print('最大公約数は'+str(i))
```

■ 演習問題 **11.2** の解答例

```
a = 0
while a ** 2<2023:
  a = a+1
print((a-1) ** 2)
```

```
1936
```

```
a = 0
while True:
  if a ** 2 >=2023:
    break
  a = a + 1
print((a-1) ** 2)
```

■ 演習問題 **11.3** の解答例

```
bunkai = []
n = 252
sosuu = [2,3,7]
for i in range(0,len(sosuu)):
  while n % sosuu[i] == 0:
    bunkai.append(sosuu[i])
```

```
    n = n // sosuu[i]
print(bunkai)
```

```
[2,2,3,3,7]
```

■ 演習問題 11.4 の解答例

```
a = 0
while a <= 20:
  nyuryoku = int(input('1〜5の整数を1つ入力して下さい。'))
  a = a + nyuryoku
print('20を超えました。合計値は'+str(a)+'です。')
```

```
1〜5の整数を1つ入力してください。4
(中略)
20を超えました。合計値は24です。
```

■ 演習問題 11.5 の解答例

```
x = 0
time = 0
speed = 1
while time < 20:
  if x + speed >5 or x + speed <0:
    speed = -speed
  time = time + 1
  x = x + speed
  print('時刻：'+str(time)+',位置：'+str(x))
```

```
時刻：1,位置：1
時刻：2,位置：2
(以下略)
```

quat は商を表す quatient に由来します。

```
def quat(a,b):
  seisuu = a//b
  syosuu = a/b - seisuu
  print('整数部分は'+str(seisuu)+'で小数部分は'+str(syosuu))

quat(12,5)
```

整数部分は2で小数部分は0.3999999999999999

```
def saidai(a):
  saidaichi = 0
  ichi = 0
  for i in range(0,len(a)):
    if a[i] > saidaichi:
      saidaichi = a[i]
      ichi = i
  return saidaichi,ichi

p = [10,30,20,50,60,40]
print('最大値は'+str(saidai(p)[0])+'で'+str(saidai(p)[1]+1)+'番目の値です。')
```

最大値は60で5番目の値です。

```
def saidai(a): #位置なし
  saidaichi = 0
  for i in range(0,len(a)):
    if a[i] > saidaichi:
      saidaichi = a[i]
  return saidaichi

p = [10,30,20,50,60,40]
print('最大値は'+str(saidai(p))+'です。')
```

```
def irekae(a,p,q):
  temp = a[p-1]
  a[p-1] = a[q-1]
  a[q-1] = temp
  return a

x=[1,2,3,4,5,6]
irekae(x,3,6)
```

```
[1, 2, 6, 4, 5, 3]
```

```
def gcd(a,b):
  kekka = min(a,b)
  while True:
    if a % kekka == 0 and b % kekka == 0:
      break
    kekka = kekka -1
  return kekka

print(gcd(25,45))
```

```
5
```

```
def bunsuu(a,b,c,d):
  bunsi = a * d + b * c
  bumbo = b * d
  return bunsi//gcd(bunsi,bumbo),bumbo//gcd(bunsi,bumbo)
bunsuu(3,4,5,6)
```

```
(19,12)
```

```
def fib(n):
  a = [1,1]
  for i in range(3,n+1):
    a.append(a[-1]+a[-2]) #a[-1],a[-2]はそれぞれ, a[len(a)-1],a[len(a)-2]と記述可
  return a[-1]

for i in range(0,10):
  print(fib(i+1),end=',')
```

```
1,1,2,3,5,8,13,21,34,55,
```

次のコードから，周期は 60 と分かります（詳細は各自考えよ）。

```
n = 2
while (fib(n) % 10 != 1)or(fib(n+1) % 10 != 1):
  n = n + 1
print(n)
```

```
61
```

■ 演習問題 **15.1** の解答例 1（print 文で表示）■

```
tensuu=[['番号','国語','数学','英語'],
       [1,80,90,100],
       [2,70,100,70],
       [3,80,60,50],
       [4,70,80,90]]
for j in range(1,4):
  heikin = 0
  for i in range(1,5):
    heikin = heikin + tensuu[i][j]/4
  print(tensuu[0][j]+'の平均点は'+str(heikin)+'点です')
```

```
国語の平均点は75.0点です
数学の平均点は82.5点です
英語の平均点は77.5点です
```

■ 演習問題 **15.1** の解答例 2（最終行に追加）

```
tensuu.append(['平均',0,0,0])
for j in range(1,4):
  heikin = 0
  for i in range(1,5):
    heikin = heikin + tensuu[i][j]/4
  tensuu[5][j] = heikin
tensuu
```

```
[['番号','国語','数学','英語'],
 [1,80,90,100],
(中略)
 ['平均',75.0,82.5,77.5]]
```

■ 演習問題 **15.2** の解答例

最終行は print 文で正方形状に表示する手法を表しています。

```
def irekae(a,p):
  tmp = a[0][p]
  for i in range(0,3):
    a[i][p] = a[i+1][p]
  a[3][p] = tmp
  return a
b=[[1,2,3,4],
   [5,6,7,8],
   [9,10,11,12],
   [13,14,15,16]]
print(*irekae(b,2),sep='\n')
```

```
[1,2,7,4]
[5,6,11,8]
(以下略)
```

■ 演習問題 **15.3** の解答例

```
mat = [[0,0,0,0,0,0],
       [0,0,0,0,0,0],
       [0,0,0,0,0,0],
       [0,0,0,0,0,0],
       [0,0,0,0,0,0],
       [0,0,0,0,0,0]]
```

```
dx=[0,1,0,-1] ; dy=[1,0,-1,0]
x=0 ; y=0
for i in range(1,21):
  mat[x][y]=i
  x = x + dx[(i-1) // 5] #商を利用するのがポイント
  y = y + dy[(i-1) // 5]
mat
```

■ 演習問題 **16.1** の解答例

```
def fib(n):
  if n == 1 or n == 2:
    return 1
  return fib(n-1) + fib(n-2)


print(fib(3) fib(10))
```

```
2 55
```

次図の順で値が算出されます。重複もあり，計算量は意外と多くなることがわかります。

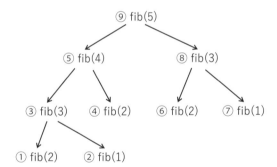

■ 演習問題 **16.2** の解答例

```
def route(a,b):
  if a == 0 or b == 0:
    return 1
  return route(a-1,b)+route(a,b-1)


print(route(4,2),route(4,8))
```

```
15 495
```

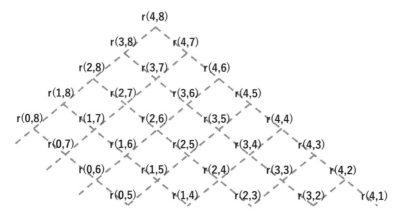

参考 よく考えると組合せ $_n\mathrm{C}_k$ の公式

$$_n\mathrm{C}_k = {}_{n-1}\mathrm{C}_k + {}_{n-1}\mathrm{C}_{k-1}$$

に相当することがわかります。この証明は,「n 人の中から k 人を選ぶ組合せ」と考えるときに,「特定の A 君を選ぶか選ばないか」で場合分けして考えると解釈すると容易に説明できます。重要公式なので,証明を併せて覚えておきましょう。また「パスカルの三角形」の構造が現れていると解釈することもできます。

　最近はプログラミングの学習記録に関するブログも数多く検索でき，本がなくてもこれらを参考にして十分学習できるでしょう。

　Python で次のレベルの内容を学ぶとすれば，一つはアルゴリズムです。難易度及び書かれている量は異なりますが，いずれも中高生でも十分活用することができるでしょう。

[1]　増井敏克「Python ではじめるアルゴリズム入門」翔泳社

[2]　辻真吾，下平英寿「Python で学ぶアルゴリズムとデータ構造」講談社

[3]　酒井和哉「Python によるアルゴリズム入門」オーム社

[4]　情報オリンピック日本委員会（監修），筧 捷彦，山口利恵（編集），北村祐稀（著）「JOI
　　　公式テキスト　Python で問題解決」実教出版

　[1] の最初の部分は，本書を作成する上で非常に参考になりました。プログラミングの難所であるクラスの概念はほぼ用いてなく，本書の第 3 章までの内容でほぼすべて理解することができます。[2] も冒頭の Python の基本事項はコンパクトにまとめられていて，参考にしました。積極的にクラスの概念を用いている箇所がいくつかあるほか，暗号技術やネットワーク分析などの応用について幅広くまとめられています。[3] はクラスと，クラスを用いたアルゴリズムについての説明が非常に丁寧かつ詳しく書かれています。[4] は情報オリンピックの対策問題集で，こちらもクラスの概念をほぼ用いてなく，アルゴリズムについて実践的に学ぶことができます。

　続いて Python の文法（クラスの概念含む）について詳しく学びたい人向けの参考書を紹介します。

[5]　Magnus Lie Hetland（著），武舍 広幸，阿部 和也，上西 昌弘（訳），松浦 健一郎，司
　　　ゆき（技術監修）「Python 基礎＆実践プログラミング」インプレス

[6]　クジラ飛行机「実践力を身に着ける Python の教科書」マイナビ

[7]　石川聡彦「Python で動かして学ぶ！あたらしい深層学習の教科書」翔泳社

　[5] は Python の文法が凝縮されている辞書としても重宝できる書籍で，ある程度 Python に精通している人が長く利用できる書です。[6] は基本事項から丁寧に書かれていて，Python の

応用例（アプリ・機械学習）も紹介されています。[7]は株式会社アイデミーのオンライン学習コース（Python入門，Numpyなどのライブラリ，機械学習概論等）をまとめたもので，Pythonの入門から機械学習（AI）の概観を学ぶのに適しています。

　画像を多用するため別途環境を構築する必要がありますが，落ちものゲームや簡単なRPGなどのゲーム開発を希望する人には，次の書籍を薦めます。クラスの概念もほぼ用いていません。

　[8]　廣瀬豪「Pythonでつくるゲーム開発入門講座」ソーテック社

　§20のシミュレーションについては，以下の書籍を参考にしました。

　[9]　小高知宏「Pythonによる数値計算とシミュレーション」オーム社
　[10]　松田雄馬，露木宏志，千葉彌平「AI・データサイエンスのための数学プログラミング」ソーテック社

　§21は文献[11]に加えて，（独立行政法人 大学入試センターが主体となって実施している）大学入試センター試験・大学入学共通テストの「情報関係基礎」の問題を参考にしています。問題については以下を参照しています。

　[11]　橋本洋志，牧野浩二「Pythonコンピュータシミュレーション入門〜人文・自然・社会科学の数理モデル」オーム社

　[12]　情報処理学会 情報入試委員会「情報関係基礎 アーカイブ」
　　　　https://sites.google.com/a.ipsj.or.jp/ipsjjn/resources/JHK（最終アクセス日2023年6月29日）

　本書で取りあげた演習問題の作成には，次の拙著の著作経験が活かされています。

　[13]　名塩 隆史「ブロックで学ぶ　中学入試算数・中学からの数学」カットシステム

索引

■ 著者プロフィール

名塩 隆史（なしお・たかし）

1981 年東京都出身。

東京大学理学部数学科卒業，同大学大学院数理科学研究科修士課程修了，同大学大学院教育学研究科修士課程修了，博士課程中退。

2022 年 3 月に高校情報科の教員免許を取得。同年度 4 月より高 2 高 3 生の通常の数学の授業の傍ら，情報・理数科 (情報 I・理数探究) の授業の兼任を開始。

大学入試および高大接続を意識した数学の授業・教材開発と同時に，Python と表計算でのデータ分析を主とした授業・教材開発に力を入れている。

聖光学院中学校高等学校数学科・情報科教諭

Google Colaboratory で学ぶ 高校情報 I・大学入試対策のための
中高生からの Python プログラミング

2023 年 9 月 20 日　　初版第 1 刷発行

著　者　　名塩 隆史
発行人　　石塚 勝敏
発　行　　株式会社 カットシステム
　　　　　〒 169-0073 東京都新宿区百人町 4-9-7　　新宿ユーエストビル 8F
　　　　　TEL（03）5348-3850　　　FAX（03）5348-3851
　　　　　URL　https://www.cutt.co.jp/
　　　　　振替　00130-6-17174
印　刷　　シナノ書籍印刷 株式会社

本書に関するご意見、ご質問は小社出版部宛まで文書か、sales@cutt.co.jp 宛に
e-mail でお送りください。電話によるお問い合わせはご遠慮ください。また、本書の
内容を超えるご質問にはお答えできませんので、あらかじめご了承ください。

Cover design Y.Yamaguchi　　　© 2023 名塩隆史
Printed in Japan　ISBN978-4-87783-539-2